¡APÚNTATE!

Espagnol
2e année

niveau A2 du CECR

W0207356

CAHIER D'ACTIVITÉS

sous la direction de
Anne CHAUVIGNÉ DÍAZ
Agrégée d'espagnol
Professeur au collège Paul Verlaine, Les Mureaux (78)

Carmen ACOSTA LUNA
Certifiée d'espagnol
Professeur TZR dans l'Académie de Paris (75)

Emmanuelle FOSTIER
Certifiée d'espagnol
Professeur au collège Les remparts, Rozay-en-Brie (77)

Sara SCIUTO LINARES
Agrégée d'espagnol
Professeur au Lycée Paul Robert, Les Lilas (93)

Bordas

BORDAS APPREND À PROTÉGER LA PLANÈTE

Sommaire

compréhension de l'oral

4 document enregistré sur le CD élève

A .... = Apunta las correcciones Espace réservé pour les corrections

Édition : Véronique Gilles de la Londe
Direction éditoriale : Sylvie Roussel
Conception graphique : Anne-Danielle Naname
Mise en pages : Anne-Danielle Naname / Nada Abaïdia-Avril
Illustration : Sophie Pons Ivanoff
Iconographie : Valérie Vidal
Lecture-correction : Dulce Gamonal
Couverture : (illustration) Sophie Pons Ivanoff
Fabrication : Josiane Nicole

ISBN 978-204-732245-1

Unidad 1

Volver

1 **Prépare la dictée de mots. Épelle les mots suivants puis écris les lettres.** livre p. 16

Profesor: pe – erre – o – efe – e – ese – o – erre

a. zorro ....

b. vacaciones ....

c. Yolanda ....

d. bolígrafo ....

e. piscina ....

f. estuche ....

g. ahora ....

h. Jaime ....

A

....

....

....

....

....

....

....

....

2 **Retrouve huit abréviations. Écris ensuite les mots en entier.** livre p. 16

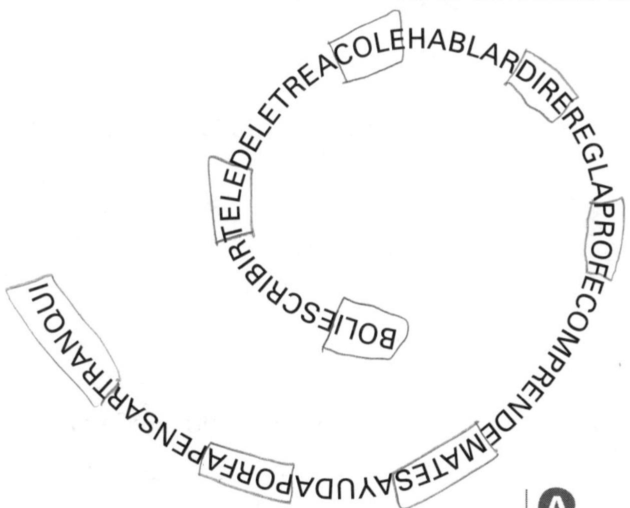

1. Boli = Bolígrafo

2. Tele = Televisión

3. Cole = Colegio

4. Dire = Director

5. Profe = Profesor

6. Mates = Matemáticas

7. Porfa = Por favor

8. Tranqui = Tranquilo

A

.... = ...

.... = ...

.... = ...

.... = ...

.... = ...

.... = ...

.... = ...

.... = ...

A .... = Apunta las correcciones

Escucha

③ ¡A escribir!

Fiche de compréhension de l'oral

livre p. 16

1re et 2e écoute

1. Escribe las letras que oyes para formar palabras.

		Ⓐ	
1. ______	**9.** ______	1. ______	9. ______
2. ______	**10.** ______	2. ______	10. ______
3. ______	**11.** ______	3. ______	11. ______
4. ______	**12.** ______	4. ______	12. ______
5. ______	**13.** ______	5. ______	13. ______
6. ______	**14.** ______	6. ______	14. ______
7. ______	**15.** ______	7. ______	15. ______
8. ______		8. ______	

3e écoute

2. Subraya la sílaba tónica de cada palabra.

④ Remplace les mots soulignés par des sujets indéfinis (= on) et adapte les phrases en conséquence. livre p. 16

a. En clase, <u>los alumnos no comen</u> chicle.

____

Ⓐ ______________________________

b. En España, <u>la gente no habla</u> sólo «castellano», por ejemplo, en Cataluña <u>hablan</u> catalán.

____

Ⓐ ______________________________

c. <u>Los chinos escriben</u> verticalmente.

____

Ⓐ ______________________________

d. En español <u>escribimos</u> «fútbol» y no «football» como <u>escriben los franceses y los ingleses</u>.

____

Ⓐ ______________________________

Ⓐ ______ = Apunta las correcciones

5 Trouve les jours de la semaine en fonction de la définition. livre p. 17

A

a. Es el día dedicado al dios de la guerra, Marte. ....

b. Es el día dedicado a la luna. ....

c. Es el primer día del fin de semana. ....

d. Es el día dedicado a la diosa del amor, Venus. ....

e. Es el día dedicado al dios del comercio, Mercurio. ....

f. Es el segundo día del fin de semana. ....

g. Es el día dedicado al dios del cielo, del trueno, Júpiter. ....

6 Écris les dates. livre p. 17

A

Hoy es ....

Mañana es ....

Mi cumpleaños es el ....

El invierno empieza el ....

El verano acaba el ....

El último día del año es el ....

El primer día del año es el ....

7 Relie les verbes conjugués aux sujets correspondants. Souligne en rouge les verbes du 1er groupe *(-ar)*, en bleu ceux du 2e groupe *(-er)* et en vert ceux du 3e groupe *(-ir)*. livre p. 18

	• hacen los deberes.
	• escuchas a la profesora.
Yo •	• estudio las ciencias.
Tú •	• entiende la lección.
Mafalda •	• escribís la fecha.
Nosotros •	• aprendemos el poema.
Vosotros •	• no leéis mucho.
Ellos •	• recitan el poema.
	• preferís el arte.
	• no copias nada.
	• miramos el mapa.

A

	• hacen los deberes.
	• escuchas a la profesora.
Yo •	• estudio las ciencias.
Tú •	• entiende la lección.
Mafalda •	• escribís la fecha.
Nosotros •	• aprendemos el poema.
Vosotros •	• no leéis mucho.
Ellos •	• recitan el poema.
	• preferís el arte.
	• no copias nada.
	• miramos el mapa.

A .... = Apunta las correcciones

8 Réécris le texte suivant en mettant les verbes au pluriel. livre p. 18

Trabajo en el centro de la ciudad, pero vivo en la periferia, por eso voy al trabajo en metro. Tú también vives en el mismo barrio, pero trabajas en el aeropuerto. Me acompañas todos los días hasta la estación «Sol» y después coges otra dirección.

A

9 Te souviens-tu des ordres qu'a l'habitude de donner ton professeur d'espagnol en cours ? Cite quelques exemples. livre p. 19

A un alumno:

A

Al grupo entero:

A

10 Conjugue les verbes entre parenthèses à l'impératif. livre p. 19

A

a. Juan, ¡(aprender) ______ la lección de matemáticas!

b. Niñas, ¡(esperar) ______ aquí, por favor!

c. Isabel, ¡(descansar) ______ un poco: estás muy pálida!

d. Chicos, ¡(dibujar) ______ un círculo a la derecha de la hoja!

e. (Vosotros, llegar) ¡ ______ más temprano la próxima vez!

f. (Tú, escribir) ¡ ______ una carta a tu abuelo!

11 Transforme les phrases des élèves espagnols en utilisant le vouvoiement. livre p. 20

a. María a Carmen, profesora de matemáticas: «¿Puedes explicarme de nuevo el teorema de Tales, por favor?»

A

b. Roberto a Pedro, profesor de francés: «No entiendo lo que dices: hablas muy rápido.»

A

A ______ = Apunta las correcciones

c. Ana a Luisa, profesora de dibujo: «Tu pintor favorito es Dalí. ¿Por qué lo prefieres?»

....

Ⓐ ....

d. Pablo a Ignacio, profesor de ciencias: «Cuando escribes en la pizarra, no veo nada porque tu letra es muy pequeña.»

....

Ⓐ ....

e. Lola a Isabel, profesora de historia: «¿Cómo haces para recordar todas las fechas? ¿Me puedes explicar tu método, por favor?»

....

Ⓐ ....

Escucha

⑫ *Lectura*

Fiche de compréhension de l'oral

¿Cómo comienza la clase?

livre p. 21

1re écoute

1. Indica la solución correcta.

a. La escena se desarrolla...		Ⓐ
...en el aula.	☐	☐
...en el patio.	☐	☐
...en el gimnasio.	☐	☐

b. Es...		Ⓐ
...el principio de la clase.	☐	☐
...el final de la clase.	☐	☐
No lo sabemos.	☐	☐

2e écoute

2. ¿Verdadero o falso?

	V	F	Ⓐ V	Ⓐ F
Hay un alumno nuevo.	☐	☐	☐	☐
Los chicos aplauden al director de la escuela.	☐	☐	☐	☐
La clase comienza con un dictado.	☐	☐	☐	☐
El texto se titula «Recuerdo infantil».	☐	☐	☐	☐
El nuevo compañero se llama Antonio Machado.	☐	☐	☐	☐
El maestro tutea a sus alumnos.	☐	☐	☐	☐

Ⓐ .... = Apunta las correcciones

Évaluation

La hora de la verdad

Je dois maintenant savoir...

Livre p. 27

...épeler un mot.

A1 Je peux épeler un mot.
Je peux écrire un mot qu'on m'épelle.

1 Épelle ton nom et ton prénom.

2 Écoute l'enregistrement et écris les mots.

7

	A		A
1.		6.	
2.		7.	
3.		8.	
4.		9.	
5.		10.	

...dire la date.

A1 Je peux parler d'une date.

3 Quel jour sommes-nous aujourd'hui ?

.... A ....

4 Que célèbre-t-on ces jours-là ?

12/10 .... A ....

14/07 .... A ....

25/12 .... A ....

06/01 .... A ....

06/12 .... A ....

A .... = Apunta las correcciones

...comprendre les consignes.

A2 Je peux comprendre des indications simples.
Je peux essayer de deviner le contenu d'un texte en m'aidant des illustrations.

5 Lis les consignes suivantes et dis à quelles photos elles correspondent.

a. *Escribe tu nombre abajo.* **b.** *Pinta una flor.* **c.** *Traza un triángulo abajo.*
d. *Mira el mapa.* **e.** *Escribe «ay, qué pesadilla» en el círculo.* **f.** *Busca la respuesta en el libro.*

1.

2.

3.

1. frase ☐ **2.** frase ☐ **3.** frase ☐   Ⓐ **1.** frase ☐ **2.** frase ☐ **3.** frase ☐

...lire avec la bonne intonation.

A2 Je peux lire des répliques simples de façon expressive.

6 À deux, lisez les répliques de la bande dessinée de la p. 22.

...m'adresser à quelqu'un.

A1 Je peux comprendre des consignes et des indications simples.

7 Écoute les phrases et dis si les personnes se tutoient ou se vouvoient.

8

1. .... Ⓐ ....
2. .... Ⓐ ....
3. .... Ⓐ ....
4. .... Ⓐ ....
5. .... Ⓐ ....
6. .... Ⓐ ....

Et avant de partir...

8 Réécoute Un diálogo al día: *La vuelta al cole.* **Relève les affirmations qui sont justes et corrige celles qui ne le sont pas sur la fiche que te donnera ton professeur.**

Ⓐ .... = Apunta las correcciones

Unidad 2

Conocerse

Escucha

① *Interrogatorio* 

Fiche de compréhension de l'oral

¿Qué sabemos del sospechoso?

livre p. 30

1re écoute

1. Escoge la respuesta correcta.

a. El comisario interroga...

		Ⓐ
...a un sospechoso.	☐	☐
...al vecino de un sospechoso.	☐	☐

b. El sospechoso habla...

		Ⓐ
...mucho y se comporta de manera extraña.	☐	☐
...poco y su comportamiento es normal.	☐	☐

2. ¿Verdadero o falso?

	V	F	Ⓐ V	Ⓐ F
El sospechoso es amable.	☐	☐	☐	☐
Al sospechoso no le gusta viajar.	☐	☐	☐	☐
Al sospechoso le gusta la cultura latina.	☐	☐	☐	☐
La mujer del sospechoso es muy simpática.	☐	☐	☐	☐

2e écoute

3. Completa con las informaciones esenciales del documento.

El comisario interroga a .... que dice que el sospechoso no .... mucho, también cuenta que vive con .... , su mujer, que es .... Al final el vecino no sabe por qué lo interrogan porque el comisario ....

Ⓐ
....
....
....
....
....

Ⓐ .... = Apunta las correcciones

② Tu es journaliste et tu vas rencontrer Fernando Alonso. Prépare cinq questions pour l'interview. livre p. 30

Fernando Alonso
Nació el 29/07/1981 **en** Oviedo, España.
Profesión: Piloto de Fórmula Uno. Campeón del mundo de F1 en 2005.
Residencia: Oxford, Reino Unido.

....

....

....

....

....

Ⓐ ....

....

....

....

....

③ Tu as reçu un message ! Lis-le et complète la fiche de Yolanda. livre p. 31

Correo | Direcciones | Agenda | Bloc de notas | Opciones

Revisar correo | Redactar | Buscar en mensajes | Buscar en la web

Carpetas [Crear - Cambiar]
- Bandeja entrada
- Borrador
- Enviados
- Spam [Vaciar]
- Papelera [Vaciar]

Mensaje

Eliminar | Responder | Reenviar | Es spam | Mover...

¡Hola!

Tengo trece años y me llamo Yolanda García Castro. Mi cumpleaños es el 7 de diciembre.

Vivo en Asunción, la capital de Paraguay. Me gusta mucho mi ciudad. No tengo hermanos, pero tengo muchos amigos.

Mi mejor amiga en la red es española, de Cádiz, y se llama Mariana.

Me gusta viajar, conocer a chicos de otros países, no me gusta el rap. No me gustan los animales. En el colegio me gustan las matemáticas. Los fines de semana hago muchas cosas: salgo con mis amigas, practico deportes o veo la tele.

Quisiera tener más amigos por correo, así que espero tu mensaje.

Hasta pronto, Yolanda

Nombre: ....

Apellido: ....

Fecha de nacimiento: ....

Hermanos/as: ....

Actividades: ....

Gustos: Le gusta ....

No le gusta ....

Le gustan ....

No le gustan ....

Ⓐ

Nombre: ....

Apellido: ....

Fecha de nacimiento: ....

Hermanos/as: ....

Actividades: ....

Gustos: Le gusta ....

No le gusta ....

Le gustan ....

No le gustan ....

Ⓐ .... = Apunta las correcciones

4 Trouve toutes les formes des verbes *tener* et *conocer* au présent. livre p. 32

q	l	h	t	i	e	n	e	s	q	ñ	x	h	c
c	o	n	o	c	e	c	t	e	n	é	i	s	o
r	t	e	n	g	o	x	o	c	z	n	t	ñ	n
z	a	i	a	v	o	p	m	h	t	p	i	w	o
p	e	s	o	m	e	c	o	n	o	c	e	s	z
c	o	n	o	c	e	n	a	n	n	c	n	p	c
t	e	n	e	m	o	s	q	e	a	x	e	r	o
p	c	o	n	o	c	é	i	s	s	l	m	m	z
m	r	t	i	e	n	e	n	a	e	k	v	s	o

TENER	CONOCER
....	....
....	....
....	....
....	....
....	....
....	....

A TENER .... – .... – .... – .... – .... – ....

CONOCER .... – .... – .... – .... – .... – ....

5 Conjugue les verbes *conocer* ou *tener* à la personne qui convient. livre p. 32

(Yo) .... quince años.

(Nosotros) .... a vuestros amigos.

(Ellos) .... una casa al lado del mar.

¿(Tú) .... España?

A ....

....

....

....

6 Associe les mots pour faire des phrases (plusieurs réponses sont possibles).

livre p. 33

Las chicas	materna	vive	un gato.
Mi vecino	chilenas	viajan	en la mina.
Los hombres	jóvenes	trabajan	de vacaciones.
Tu abuela	del colegio	están	con su gato.
Los alumnos	español	tiene	por Australia.
La niña	pequeña	juega	en Perú.

A ....

....

....

....

....

7 Complète les phrases avec les adjectifs suivants en les accordant en genre et en nombre : *interesante, moreno, pálido, viejo, azul.* livre p. 33

a. Claudio es ...., tiene los ojos ....

b. Los coches que vende este señor son .... y están en muy mal estado.

A .... = Apunta las correcciones

c. María está muy ________. Debe de estar enferma.

d. El libro que estoy leyendo no es ________ y por eso me aburro.

Ⓐ **a.** ________ – ________ **b.** ________ **c.** ________ **d.** ________

8 Observe les diagrammes et complète le texte. livre p. 34

La clase de 3º B tiene veintisiete alumnos: quince chicas y doce chicos.

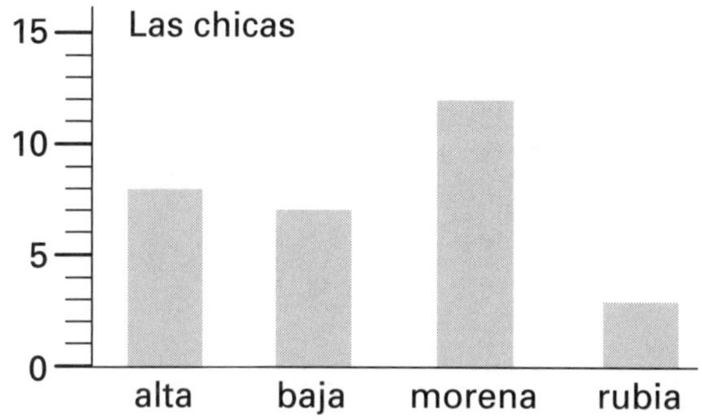

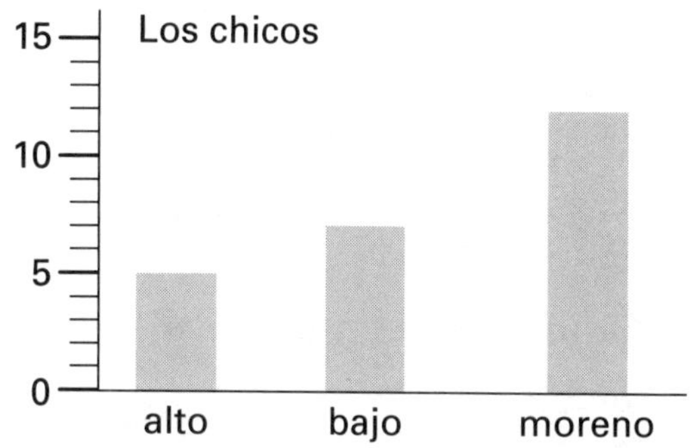

Entre las chicas, ocho son ________ y siete ________, doce son ________ y tres ________. Hay cinco chicos ________ y siete ________ y todos los chicos son ________.

Ⓐ Entre las chicas, ocho son ________ y siete ________, doce son ________ y tres ________. Hay cinco chicos ________ y siete ________ y todos los chicos son ________.

9 Observe maintenant ta classe : fais le(s) diagramme(s) qui lui correspond(ent) puis rédige une brève présentation en t'aidant du modèle de l'exercice 8. livre p. 34

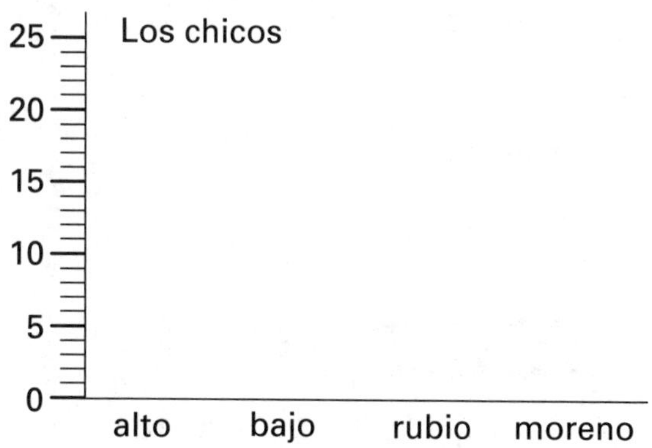

En mi clase hay ________

____

____

Ⓐ ________

____

____

Ⓐ ________ = Apunta las correcciones

Escucha

⑩ *Presentación*

Fiche de compréhension de l'oral

¿Quién llega al colegio?

livre p. 34

1re écoute

1. Escoge la respuesta correcta.

a. Hablan…		**A**
…dos alumnos	☐	☐
…una profesora con un alumno	☐	☐
…el director con un alumno	☐	☐

b. El chico se llama…		**A**
…Sergio Machuca	☐	☐
…Pedro Machuca	☐	☐
…Pedro Masuco	☐	☐

c. El hombre es… (justifica)	**A**
…sordo. ☐ ______________	☐ ______________
…brusco. ☐ ______________	☐ ______________
…amable. ☐ ______________	☐ ______________
…antipático. ☐ ______________	☐ ______________

d. Al final, el chico…		**A**
…sale.	☐	☐
…se sienta.	☐	☐
…saluda a los otros niños.	☐	☐

e. La escena ocurre…		**A**
…en el aula.	☐	☐
…en el patio.	☐	☐
…delante del colegio.	☐	☐

2e et 3e écoute

2. Subraya la frase correcta.	**A**
La escena presenta la llegada de un nuevo alumno al colegio.	☐
La escena presenta la llegada de un nuevo director al colegio.	☐
La escena presenta el final de una clase.	☐

A ______ = Apunta las correcciones

(11) Complète avec des adjectifs possessifs selon le modèle (plusieurs réponses sont possibles). livre p. 34

*¿Dónde está Yacine? → En **su** cuarto, hace **sus** tareas.*

a. ¿Cuándo es .... cumpleaños? .... cumpleaños es el siete de diciembre.

b. Mamá, ¿dónde están .... zapatillas de deporte? Están debajo de .... cama.

c. ¿Qué hacen? Están buscando .... libros.

d. ¿Dónde estás, Cirilo? En .... cuarto, estoy cansado.

e. ¿Tienes .... raqueta para ir a jugar al tenis? ¡Ay, no!, está encima de .... cama.

A ....

(12) Remplace les mots soulignés par un article et un pronom possessif. livre p. 34

a. Es mi barrio, no es el barrio de mi primo. → .... **A** ....

b. ¿Es vuestra bicicleta o es mi bicicleta? → .... - .... **A** .... - ....

c. Son sus calcetines. → .... **A** ....

d. No son nuestras camisas. → .... **A** ....

e. ¿Es su colegio? → .... **A** ....

f. Son vuestras hermanas. → .... **A** ....

(13) Indique sur les dessins le nom des parties du visage et du corps. livre p. 35

La ....

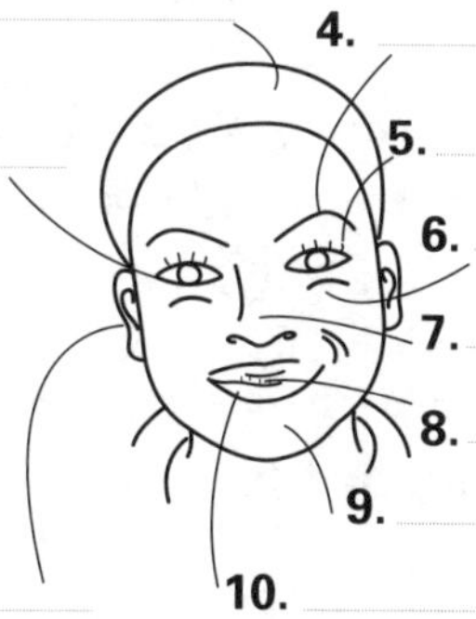

1. .... **2.** .... **3.** .... **4.** .... **5.** .... **6.** .... **7.** .... **8.** .... **9.** .... **10.** ....

El ....

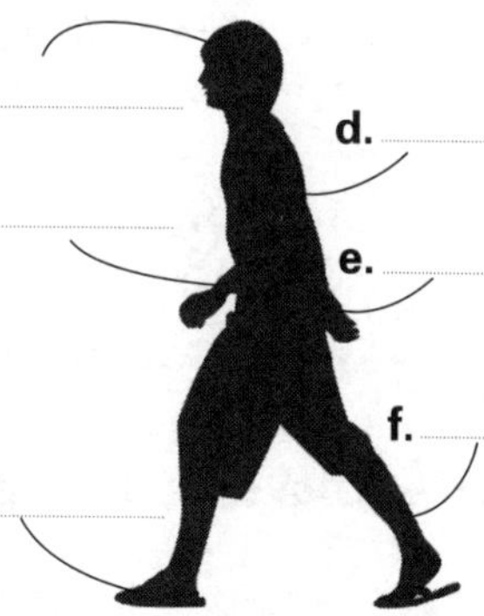

a. .... **b.** .... **c.** .... **d.** .... **e.** .... **f.** ....

A La .... 1. .... 2. .... 3. ....
4. .... 5. .... 6. .... 7. ....
8. .... 9. .... 10. ....
El .... a. .... b. .... c. ....
d. .... e. .... f. ....

Unidad 2

A .... = Apunta las correcciones

Évaluation

La hora de la verdad

Je dois maintenant savoir...

Livre p. 41

...saluer et prendre congé.

A1

Je peux saluer et prendre congé.
Je peux dire ce que je fais, comment je vais et demander à quelqu'un de ses nouvelles.

Je peux répondre à des questions personnelles simples et en poser.

Je peux dire qui je suis, où je suis né(e), où j'habite.

1 Observe les illustrations : que disent ces personnes ?

1.

2.

3.

4.

1. ....

....

2. ....

....

A ....

....

3. ....

....

4. ....

....

A ....

....

...me présenter.

A2

Je peux, dans une petite lettre personnelle, décrire ma famille, l'endroit où je suis et ce que je fais.

Je peux reproduire à l'écrit des phrases que je connais à l'oral ou m'inspirer de l'oral pour construire des phrases à l'écrit.

Je peux dire de façon simple ce que je pense de quelque chose, ce que j'aime ou ce que je n'aime pas.

2 Présente-toi à un correspondant et parle-lui de tes goûts.

....

....

....

A ....

....

....

A .... = Apunta las correcciones

... poser des questions.

A1 Je peux répondre à des questions personnelles simples et en poser.
Je peux dire des répliques simples de façon expressive.

A1 Je peux demander un renseignement à quelqu'un.

3 **Pose les questions qui permettent d'obtenir les renseignements suivants : María Hernández Gómez, peruana, Madrid, 13 años, estudiante, el cine y la música pop.**

A

4 **Par groupe de trois, lisez les répliques de la bande dessinée de la leçon 2 pp. 32-33.**

5 **A deux. Imaginez la conversation entre les deux personnages du dessin n°4 (voir 1)**

...parler de mes goûts.

A1 Je peux comprendre des consignes et des indications simples.

6 **Écoute les enregistrements : qui sont Alicia, Claudia, Elena ?**

13

1.

2.

3.

1. ___ 2. ___ 3. ___ A 1. ___ 2. ___ 3. ___

Et avant de partir...

7 **Réécoute** Un diálogo al día: *¡Llega Maribel!* **Relève les affirmations qui sont justes et corrige celles qui ne le sont pas sur la fiche que te donnera ton professeur.**

A .... = Apunta las correcciones

Unidad 3

Instalarse

1 Complète les adjectifs démonstratifs à la forme qui convient. livre p. 44

a. Est............ barrio no es muy antiguo.

b. ¿Est............ casas te parecen bonitas?

c. Conozco est............ edificios abandonados.

d. Est............ chicas son mis amigas.

e. Mira est............ casa lujosa.

f. Est............ pueblo parece aislado.

A

2 À l'aide des pronoms démonstratifs, présente Pedro et sa famille. livre p. 44

A

Escucha

3 ***Hoy me voy...,***
Sergent García (canción)
¿Por qué se va del pueblo?

Fiche de compréhension de l'oral

livre p. 45

1re écoute

1. Indica la solución correcta.

a. Ese día... A
...brilla el sol. ☐ ☐
...hace mal tiempo. ☐ ☐

b. El protagonista... A
...se va al campo. ☐ ☐
...se va no sabemos adónde. ☐ ☐
...se va a la ciudad. ☐ ☐

c. El protagonista... A
...está listo para el viaje. ☐ ☐
...tiene retraso para el viaje. ☐ ☐

d. En su pueblo... A
...no hay trabajo. ☐ ☐
...no hay gente simpática. ☐ ☐

A .... = Apunta las correcciones

2e et 3e écoute

2. Completa las estrofas.

Ⓐ

Es una linda ________
El sol alumbra la ________
Tranquila la gente del ________,
Se mueve en busca de la sombra,
Yo ya estoy listo para el ________,
Ya está bien puesto mi equipaje,
________ me marcho para siempre,
El camino camino por ________
ay, ay, ay, ay

¿A ________ vas?
Hoy me voy...

Desde las últimas ________,
Me saluda una ________,
Hey, Sargento ¿a ________ vas?
Hoy me voy pa' la ________,
A buscar la suerte y una nueva ________
Me pellizca el corazón,
________ en todo lo que dejo,
No, no, no tengo otra ________,
Que en mi pueblo mi ________ no hay ________.

4e écoute

3. Acompaña a Sergent Garcia y canta la canción con tus compañeros.

4 Sopa de letras. Retrouve les verbes *estar* et *ir* conjugués au présent de l'indicatif.

livre p. 45

E	S	T	O	Y	S	O
V	A	I	S	I	E	E
A	E	S	Á	T	S	E
S	I	T	N	T	T	A
N	S	E	Á	I	Á	V
E	I	Y	O	V	N	O
V	V	A	M	O	S	E

Quelles personnes des verbes ont été oubliées ?

Estar: ________ ________

Ⓐ ________ ________

Ir: ________ ________

Ⓐ ________ ________

Ⓐ ________ = Apunta las correcciones

5 Relie chaque pièce de la maison à une activité. livre p. 46-47

a. el cuarto de baño •   • 1. aparcar el coche
b. el salón •   • 2. preparar la comida, fregar los platos
c. el jardín •   • 3. ducharse, lavarse los dientes, peinarse
d. el dormitorio •   • 4. dormir, vestirse, guardar la ropa
e. el despacho •   • 5. trabajar
f. el comedor •   • 6. ver la televisión
g. el garaje •   • 7. tomar el sol
h. la cocina •   • 8. comer, cenar, desayunar

A
a. • • 1.
b. • • 2.
c. • • 3.
d. • • 4.
e. • • 5.
f. • • 6.
g. • • 7.
h. • • 8.

6 Tu es agent immobilier. livre p. 46

a. Indique sur le plan le nom des pièces, calcule leur superficie *(metros cuadrados)* et écris-la en lettres.

1 m

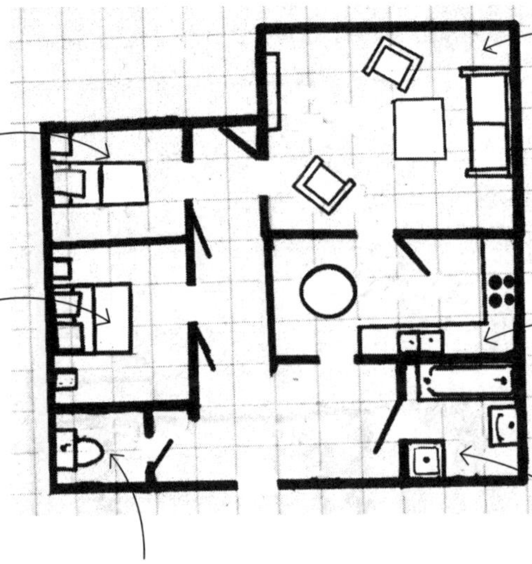

1. ______ ______ m²

2. ______ ______ m²

3. ______ ______ m²

4. ______ ______ m²

5. ______ ______ m²

6. ______ ______ m²

A 1. ______
2. ______
3. ______
4. ______
5. ______
6. ______

b. Tu souhaites vendre cet appartement : rédige une annonce le décrivant.

______

A ______

A ______ = Apunta las correcciones

7 Complète les phrases suivantes avec *lo que* (+ verbe) ou *lo* (+ adjectif). livre p. 46

a. .... difícil es encontrar una casa bonita y barata.

b. Creo que .... me gusta en esta casa es la luz.

c. ¿Sabes .... necesitas para ser feliz?

d. En España, ... bueno es que hay muchas fiestas.

e. En este barrio .... interesante son las tiendas de moda.

f. .... os digo es que no sirve de nada ir allí.

A

....
....
....
....
....
....

8 Enrique cherche un appartement : aide-le à trouver le colocataire idéal parmi les petites annonces du journal. Justifie ta réponse en complétant le texte.

livre p. 48

Me llamo Enrique, tengo 27 años y soy arquitecto.
Busco piso para compartir. Suelo trabajar en casa: necesito espacio para el material de dibujo y un piso bien equipado.
Puedo pagar hasta 500€ al mes.

Información personal: Elena, 29 años, estudiante
Alquiler: 250€ al mes
Alquilo habitación a estudiante: $12m^2$.
Centro ciudad, cerca del metro.
Piso pequeño pero muy agradable.

Información personal: Nicolás, 28 años, abogado
Alquiler: 470€ al mes
La habitación es grande y con un gran armario. Excelente ubicación del piso con calefacción, aire acondicionado, lavadora, lavaplatos y microondas.

Información personal: Virginia, 18 años, estudiante
Alquiler: 505€ al mes
Se busca chica responsable para compartir piso. Todos los gastos incluidos, comunidad, luz, gas, agua, TV por cable, Internet.

El compañero de piso ideal para Enrique es ....
porque ....
....

No puede ser ....
porque ....
....

Tampoco puede ser ....
porque ....
....

A El compañero de piso ideal para Enrique es ....
porque ....
....

No puede ser ....
porque ....
....

Tampoco puede ser ....
porque ....

A .... = Apunta las correcciones

Unidad 3

9 ¡Qué desorden! **À partir des syllabes suivantes, retrouve les verbes conjugués au présent de l'indicatif, puis remplis le tableau. Tu peux utiliser plusieurs fois la même étiquette.** livre p. 48

Verbes : *soñar/tener/entender/soler/volver/venir/sentir*

ÑA ÉIS SUE TEN EN LES DEMOS

SEN VEN VUEL TíS IMOS

	Forme trouvée	Personne	Diphtongue	
			Oui	Non
soñar				
tener				
entender				
soler				
venir				
volver				
sentir				

A

	Forme trouvée	Personne	Diphtongue	
			Oui	Non
soñar				
tener				
entender				
soler				
venir				
volver				
sentir				

A .... = Apunta las correcciones

Escucha

(10) *Mis pompas de jabón*

Fiche de compréhension de l'oral

¿Por dónde pasan?

livre p. 50

Escoge la solución correcta.

			A	
Mis pompas de jabón				
salen de mi...	☐ habitación	☐ colchón	☐ habitación	☐ colchón
corren por el...	☐ cursillo	☐ pasillo	☐ cursillo	☐ pasillo
se quedan en el...	☐ pasillo	☐ descansillo	☐ pasillo	☐ descansillo
Mis pompas de jabón				
flotan alrededor				
pasan al...	☐ salón	☐ balcón	☐ salón	☐ balcón
se toman té y				
pastas con café;				
mis pompas de jabón				
se meten en la...	☐ tijera	☐ bañera	☐ tijera	☐ bañera
detrás de la...	☐ niñera	☐ huevera	☐ niñera	☐ huevera
se dan una...	☐ ducha	☐ trucha	☐ ducha	☐ trucha
con agua fría y mucha,				
mis pompas de jabón, pon, pon.				

(11) **Indique dans quel magasin tu vas pouvoir acheter les produits suivants.** livre p. 51

....

A ....

....

A ....

....

A ....

....

A ....

....

A ....

....

A ....

A .... = Apunta las correcciones

La hora de la verdad

Je dois maintenant savoir...

Livre p. 55

...présenter une personne ou un lieu.

A2 Je peux présenter quelqu'un (ou quelque chose).

1 Imagine que tu es guide. Présente ces lieux et ces personnes à des touristes.

...me situer ou situer quelque chose.

A2 Je peux comprendre et suivre des indications simples.

2 Indique la couleur de chaque personnage sur le dessin.

1. Estoy arriba de la montaña, a la derecha de la casita. = ...
2. Estamos abajo, al pie de la montaña, casi en el centro del dibujo. = ... – ....
3. Estoy abajo, a la izquierda del edificio. = ...
4. Estoy arriba, vuelo debajo del sol. = ...
5. Estoy delante de mi ama. = ...

A 1. .... 2. .... – .... 3. ....
4. .... 5. ....

A .... = Apunta las correcciones

...décrire un lieu d'habitation.

Je peux, dans une petite lettre personnelle, décrire l'endroit où je suis.

Je peux demander et donner des informations simples.

1.

2.

3.

3 Écris un petit texte pour présenter ces lieux d'habitation.

1. ....

2. ....

3. ....

4 L'un de tes camarades choisit ensuite une photo et te pose des questions sur ce lieu d'habitation, tu l'informes.

...indiquer et suivre un itinéraire.

Je peux comprendre des consignes et des instructions simples, par exemple pour aller d'un point à un autre.

Je peux demander des conseils et des consignes sur des sujets quotidiens, et en donner.

Je peux suivre des indications simples et en donner, par exemple pour aller d'un point à un autre.

5 Regarde la leçon 4 pp. 50-51, écoute les indications, suis l'itinéraire et dis où tu arrives à la fin.

18

Voy a llegar a: ....

A ....

Puis imagine que tu es le serveur du restaurant : indique à l'un de tes clients où il peut trouver un pressing.

Et avant de partir...

6 Réécoute Un diálogo al día: *La visita*. **Relève les affirmations qui sont justes et corrige celles qui ne le sont pas sur la fiche que te donnera ton professeur.**

A .... = Apunta las correcciones

Unidad 3

Unidad 4

Convivir

Escucha

1 *Los hermanos*

Fiche de compréhension de l'oral

livre p. 60

Atahualpa Yupanqui (canción)

¿Quiénes son esos hermanos?

1re écoute

1. Identifica el estribillo de la canción entre todos los que te proponemos.

		A
1 Yo vendo tantos abrazos ☐ Que no los puedo contar.	**3** Yo tengo tantos hermanos ☐ Que no los puedo contar.	☐
2 Yo tengo tantos hermanos ☐ Que no los puedo visitar.	**4** Yo tengo tantas manos ☐ Que no las puedo contar.	

2e écoute

2. Indica la frase correcta.

Los hermanos de la canción...		A
...viven en la ciudad.	☐	☐
...viven en la montaña.	☐	☐
...viven en el valle, en la montaña, en la pampa, o en el mar.	☐	☐

3. Subraya la frase correcta.

		A
Los hermanos tienen realmente una novia que se llama «Libertad».	☐	☐
Los hermanos tienen realmente una novia que se llama «Soledad».	☐	☐
Los hermanos consideran la «Libertad» como una novia.	☐	☐

3e écoute

4. Señala la interpretación correcta.

		A
El poema se refiere a una familia real.	☐	☐
El poema se refiere a una familia simbólica.	☐	☐

5. Indica si la canción es un himno...

		A			A
...a los padres de familia.	☐	☐	...a la libertad.	☐	☐
...a la fraternidad entre los hombres.	☐	☐	...al mar y a la montaña.	☐	☐

A .... = Apunta las correcciones

2 ¿Estar ou seguir? Complète les phrases avec le verbe qui convient. livre p. 60

a. Los profesores lo repiten cada mañana, pero Raúl .... llegando tarde a clase.

b. .... pensando en lo que voy a hacer esta tarde.

c. Marta ya no quiere salir conmigo, pero yo la .... queriendo.

d. Samuel y Lola .... hablando de Mauricio que .... haciendo un examen en este momento.

e. Manuel .... resolviendo los problemas de matemáticas. No .... estudiando conmigo, ahora puede hacerlo solo.

A a. .... b. .... c. .... d. .... – .... e. .... – ....

3 Complète le texte en utilisant la proposition *con, por* ou *para*. livre p. 61

a. .... los niños, la informática es fácil y pasan mucho tiempo en Internet .... comunicarse .... los amigos.

b. Cuando estás jugando al fútbol piensas en tus ídolos: .... ti son modelos, quieres imitarlos .... progresar.

c. Tomás les da las gracias a sus amigos .... su visita.

d. Sigo hablando .... Marina todas las tardes después del cole.

e. —¿.................... qué quieres ir al supermercado? — .... comprar fruta.

f. Dices que no estudias .... falta de tiempo, pero .... mí hay otra explicación.

g. Gracias .... el regalo y sobre todo gracias .... venir a verme.

A a. .... – .... – .... b. .... – .... c. .... d. .... e. .... – .... f. .... – .... g. .... – ....

4 Relie les groupes de mots pour faire des phrases correctes. livre p. 61

a. Con mis amigos	**1.** usted.
b. Ven con-	**2.** tigo!
c. ¿No estás	**3.** con usted?
d. ¡Me encanta estar con-	**4.** migo al circo.
e. Quiero un bocadillo	**5.** con Marina y Víctor?
f. Señor, tengo que hablar con	**6.** se va a casar?
g. ¿Puedo ir	**7.** con queso.
h. ¿Con quién	**8.** me siento muy bien.

A

a → ☐
b → ☐
c → ☐
d → ☐
e → ☐
f → ☐
g → ☐
h → ☐

Unidad 4

5 Lis le programme du centre sportif et complète le texte avec les horaires (en lettres) des activités. livre p. 62

	17.15	18.30	19.45
Lunes	ping-pong	judo	natación
Martes	natación	tenis	baloncesto
Miércoles	balonmano	pelota vasca	ping-pong
Jueves	kárate	ping-pong	tai chi
Viernes	tenis	tenis	pelota vasca

¡Hola! Me llamo Matilde. Me encantan los deportes, por eso voy mucho al polideportivo. ¡Es genial! Los lunes .... practico judo. Los martes voy a la piscina .... Los miércoles y los jueves a veces voy a jugar al ping-pong .... y .... Los viernes, desde .... hasta .... juego al tenis con mi hermana: ¡Tengo un horario mortal!

A

¡Hola! Me llamo Matilde. Me encantan los deportes, por eso voy mucho al polideportivo. ¡Es genial! Los lunes .... practico judo. Los martes voy a la piscina .... Los miércoles y los jueves a veces voy a jugar al ping-pong .... y .... Los viernes, desde .... hasta .... juego al tenis con mi hermana: ¡Tengo un horario mortal!

6 Lis le texte et remplis l'emploi du temps avec le nom des matières. livre p. 62

Tenemos un **recreo** de 15 minutos todos los días a las 11.
Tengo **sociales** (historia y geografía) los martes a las 10, los jueves de las 11.15 a las 12.15 y los viernes a la misma hora.
Las clases de **matemáticas** son los lunes de las 8 a las 9 y los martes de las 11.15 a las 12.15, los jueves de las 10 a las 11 y los viernes de las 9 a las 10.
Los lunes (una hora) y los miércoles (dos horas) antes de terminar: ¡a correr! tengo **educación física**.
Ciencias naturales: los lunes de las 11.15 a las 12.15 y los jueves a última hora y los viernes de las 10 a las 11.
Tengo una hora de **dibujo** a la semana, los miércoles antes del deporte.
Tengo clase de **música** los lunes antes de la educación física.
Estudio **inglés** los lunes, los miércoles y los jueves a segunda hora y los viernes a primera hora.
Los jueves comienzo a las 8 con el taller de **informática**.
Los miércoles comienzo más tarde, a las 9.
Los martes salgo a la una y cuarto.
Las dos clases de **física** son a las 12.15, los martes y los jueves.
Tengo 5 horas de **lengua** a la semana. No tengo lengua los jueves.
Termino la semana con **trabajos manuales**.

A .... = Apunta las correcciones

	Lunes	Martes	Miércoles	Jueves	Viernes
8-9					
9-10					
10-11					
11-11.15					
11.15-12.15					
12.15-13.15					
13.15-14.15					

A	Lunes	Martes	Miércoles	Jueves	Viernes
8-9					
9-10					
10-11					
11-11.15					
11.15-12.15					
12.15-13.15					
13.15-14.15					

7 Busca el intruso. **Dans chaque groupe, trouve le verbe qui n'est pas au subjonctif présent.** livre p. 63

coma • viváis • ayudo

debemos • contemos • viajen

escribas • lleguen • digo

A ....

8 Sopa de Letras. **Trouve dans ces mots mêlés les verbes au présent du subjonctif et indique à quelle personne ils sont conjugués.** livre p. 63

C	O	N	V	E	R	S	E	M	O	S
W	É	Z	D	N	I	S	Ñ	A	H	I
N	X	T	A	I	T	E	U	Q	O	T
A	Q	E	Ñ	É	V	B	M	É	R	U
V	L	R	I	E	F	I	O	P	T	E
L	Á	S	C	A	N	T	E	S	Y	N
E	S	C	R	I	B	A	M	R	Ñ	B
U	Q	U	E	R	A	M	O	S	T	Á
V	J	A	T	N	E	I	S	M	É	A
É	S	I	Á	V	I	V	N	O	C	R

leer: lean → 3ᵉ p. pl.

sentir: ....

escribir: ....

estar: ....

querer: ....

convivir: ....

cantar: ....

volver: ....

tocar: ....

situar: ....

conversar: ....

divertir: ....

A

9 **Complète les phrases en conjuguant le verbe entre parenthèses à la personne et au mode corrects.** livre p. 63

a. Mis padres quieren que (yo) (estudiar) .... para que (poder) .... tener una buena profesión. – **b.** Su amiga le aconseja que (hablar) .... con la gente antes de juzgarla. – **c.** El profesor de matemáticas os recomienda que (preparar) .... vuestra hoja de examen antes. – **d.** La ley nos ordena que (respetar) .... los derechos de nuestros conciudadanos.

A a. .... – .... b. .... c. ....
d. ....

10 **Adresse à ta mère et/ou à ton père un décalogue (tu leur dis ce que tu veux, ce qu'ils doivent/ne doivent pas faire).** livre p. 64

Choisis des verbes dans la liste suivante : ***gritar – comprender – comparar – repetir – mirar mal – ocuparse – golpear – comportarse de manera injusta – olvidar – desconfiar – escuchar – vivir en paz – hablar.***

Queridos padres, he preparado para vosotros diez reglas para que vivamos mejor:

1. ....
2. ....
3. ....
4. ....
5. ....
6. ....
7. ....
8. ....
9. ....
10. ....

A

1. ....
2. ....
3. ....
4. ....
5. ....
6. ....
7. ....
8. ....
9. ....
10. ....

A .... = Apunta las correcciones

Escucha

(11) *Erasmus*

Fiche de compréhension de l'oral

¿Qué aprenden los estudiantes en el programa Erasmus?

livre p. 66

1re écoute

1. ¿Quién es Sara?		A
a. Una estudiante francesa.	☐	☐
b. Una estudiante española que está en Francia.	☐	☐
c. Una profesora de universidad.	☐	☐

2. ¿Por qué está en París?		A
a. Porque tiene una beca Erasmus.	☐	☐
b. Porque sus padres trabajan en París.	☐	☐
c. Vive en París desde pequeña.	☐	☐

3. La beca Erasmus es...		A
a. ...un programa de la Unión Europea.	☐	☐
b. ...una beca para gente sin dinero.	☐	☐
c. ...un libro sobre el Renacimiento.	☐	☐

2e écoute

4. ¿Qué es más importante en esta experiencia?		A
Convivir con gente de culturas diferentes.	☐	☐
Progresar en francés.	☐	☐
Poder visitar los museos de París.	☐	☐

5. ¿Verdadero o falso?

Sara dice que...	V	F	A V	A F
...en París hay mucha diversidad.	☐	☐	☐	☐
...sólo tiene amigos franceses.	☐	☐	☐	☐
...no hay diferencias culturales.	☐	☐	☐	☐
...todos somos iguales y diferentes a la vez.	☐	☐	☐	☐
...si no conoces bien un país, puedes cometer errores.	☐	☐	☐	☐
...es una experiencia humana muy positiva.	☐	☐	☐	☐

A .... = Apunta las correcciones

Évaluation

La hora de la verdad

Je dois maintenant savoir...

Livre p. 71

...exprimer l'étonnement.

A1 Je peux comprendre des expressions familières et simples de la vie quotidienne.

A2 Je peux réagir à des affirmations ou à des propositions simples.

1 Écoute les enregistrements et réagis aux affirmations que tu entends à l'écrit ou à l'oral.

23

Voix 1. ....

....

A ....

Voix 2. ....

....

A ....

Voix 3. ....

....

A ....

...exprimer un souhait.

A2 Je peux écrire une petite lettre personnelle pour inviter quelqu'un ou lui faire une proposition.

2 Écris à ton cousin : tu veux qu'il vienne te voir pour passer les vacances ensemble et faire tout ce que vous aimez.

....

....

....

....

A ....

....

....

....

A .... = Apunta las correcciones

...remercier.

A1 Je peux comprendre des expressions familières et simples de la vie quotidienne (pour accepter, refuser, remercier...).

3 Écoute les enregistrements et associe-les aux photographies. A

1. 
2. 
3. 

Photo 1 : Voix .... ☐

Photo 2 : Voix .... ☐

Photo 3 : Voix .... ☐

...exprimer l'accord et le désaccord.

A2 Je peux exprimer simplement mon accord ou mon désaccord.

4 En groupe. Imaginez la conversation entre les deux personnes de la photographie.

... donner des conseils.

A2 Je peux comprendre un message simple qui m'est adressé.

A2 Je peux demander/donner des conseils/consignes sur des sujets quotidiens.

5 Imagine ce que tu dis à ton/ta meilleur/e ami/e dans les situations suivantes.

Tu amigo/a está enamorado/a pero el/la chico/a que le gusta no lo sabe.

....

A ....

Tu amigo/a tiene problemas para concentrarse en clase.

....

A ....

Tu amigo/a no se lleva bien con sus padres y sufre mucho.

....

A ....

Tu amigo/a habla tanto que nadie lo/la soporta.

....

A ....

Et avant de partir...

6 Réécoute Un diálogo al día: *¡No al racismo!* **Repère dans le dialogue 10 éléments qui illustrent l'idée de tolérance et note-les sur la fiche que te donnera ton professeur.**

A .... = Apunta las correcciones

Unidad 5

Viajar

1 Souligne les verbes conjugués puis mets-les au futur. livre p. 76

Estoy en una nueva ciudad. Primero camino por el centro. Hablo con la señora de los periódicos y le pregunto cosas de la ciudad. Luego, paseo un poco. ¿Adónde voy? Voy al puerto, miro los barcos. Como un delicioso bocadillo y vuelvo al hotel.

.... | A ....

.... | ....

.... | ....

2 Pendant les vacances, ils iront dans des endroits différents : Que feront-ils ? livre p. 76

¿Quiénes?

María y sus amigos

Yo

Mi familia y yo

Manuel

¿A dónde irán?

Ir a la playa

Ir a la montaña

Ir al campo

Quedarse en casa

¿Qué harán?

Banco de actividades

Escalar · Tomar el sol · Nadar · Caminar · Pasear por la playa · Sacar fotos · Observar la naturaleza · Leer · Hacer mermeladas · Ocuparse de los animales · Descansar · Ver a los amigos

¿Qué harán en estas vacaciones?

María y sus amigos ....

....

A ....

(Yo) ....

....

A ....

Mi familia y yo ....

....

A ....

Manuel ....

....

A ....

A .... = Apunta las correcciones

Escucha

③ *Por los caminos de Santiago*

¿Cómo se hace el camino?

Fiche de compréhension de l'oral

livre p. 77

1re écoute

1. Se trata de viajes… | Ⓐ

...a Julián de Compostela. ☐ | ☐

...a caballo por España. ☐ | ☐

...a Santiago de Compostela. ☐ | ☐

...al Río de la Plata. ☐ | ☐

2. Señala con una cruz los medios de transporte mencionados.

☐ a

☐ b

☐ c

☐ d

☐ e

☐ f

Ⓐ ☐ a ☐ b ☐ c ☐ d ☐ e ☐ f

2e écoute

3. Completa las frases siguientes.

A Pablo le gusta ……………………………………

Ⓐ ……………………………………

Javier escogió ir en bici porque ……………………………………

Ⓐ ……………………………………

3e écoute

4. Ordena la historia de Alicia y Julián.

☐ **a.** Julián la ayuda.

☐ **b.** Llegan el 25 de julio.

☐ **c.** Alicia se separa de su grupo.

☐ **d.** Se hacen la promesa de casarse.

☐ **e.** El caballo de Alicia tiene un problema.

☐ **f.** Mientras cabalgan, se enamoran.

Ⓐ 1. ☐ 2. ☐ 3. ☐ 4. ☐ 5. ☐ 6. ☐

Ⓐ ……… = Apunta las correcciones

④ Donne les indications pour aller d'un endroit à un autre. Utilise les prépositions *en, por, de, desde, a, hacia, detrás (de), delante (de), cerca (de) ou lejos (de).* livre p. 77

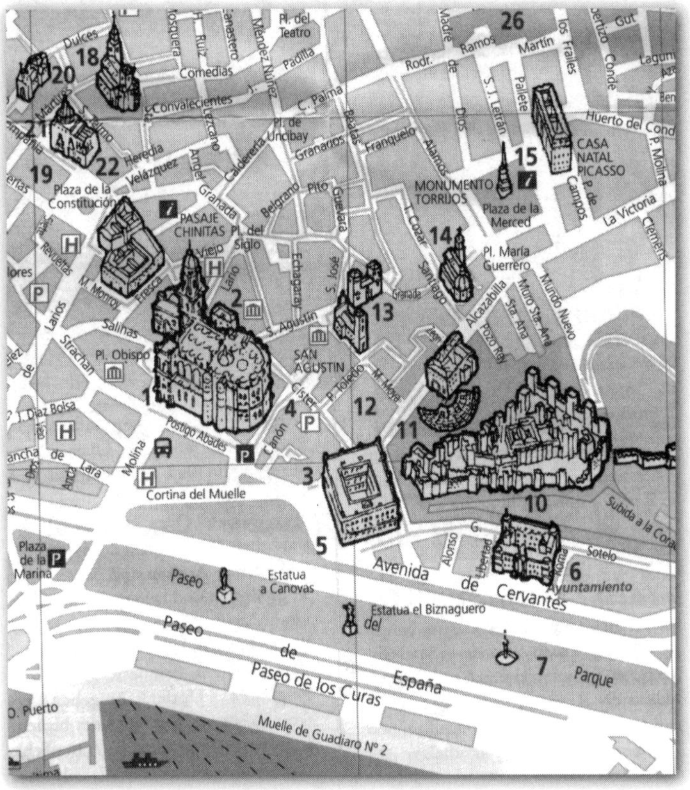

a. Desde la catedral (2) hasta la casa natal de Picasso (15): ....

....

b. Desde el puerto hasta la Plaza de la Constitución: ....

....

Ⓐ **a** ....

b ....

⑤ Sopa de Letras. Trouve dans ces mots mêlés les verbes au passé simple *(pretérito indefinido)* et indique à quelle personne ils sont conjugués. livre p. 78

v	i	a	j	a	s	t	e	t	d	v
a	s	f	n	o	r	e	í	b	e	d
z	i	p	a	s	e	a	m	o	s	s
e	t	d	g	h	z	c	r	y	c	i
r	u	é	n	i	m	a	c	ó	u	e
t	a	s	í	j	ñ	n	e	u	b	t
y	s	q	v	k	v	t	e	i	r	s
u	t	p	l	l	b	ó	a	o	í	a
i	e	o	o	m	n	c	w	p	f	r
p	r	o	v	o	c	a	s	t	e	i
g	a	n	a	m	o	s	x	q	s	m

caminar: caminé, 1re p. sing. — Ⓐ

pasear: ....

ganar: ....

mirar: ....

deber: ....

descubrir: ....

cantar: ....

volver: ....

situar: ....

provocar: ....

viajar: ....

Ⓐ .... = Apunta las correcciones

6 Complète les phrases en conjuguant le verbe entre parenthèses à la personne et au temps adéquats. livre p. 78

a. Ayer Mario y Diego (llegar) .... a La Coruña.

b. Generalmente cuando (tú) (viajar) .... en avión ¿(tener) .... miedo ?

c. ¡Yo creo que fue Colón quien (descubrir) .... América en 1492!

d. ¿(comer) .... un plato típico como os había aconsejado?

e. El año pasado (yo) (caminar) .... durante cuatro semanas por la montaña.

f. Durante las vacaciones pasadas, cuando (ir) .... a esa ciudad tan grande, ¡Juan Luis y yo (perderse) .... !

A a. .... b. .... – .... c. ....
d. .... e. .... f. .... – ....

7 Ordonne le récit en employant : *luego, al final, primero, después (de), de repente, al principio.* livre p. 79

En el hotel me di cuenta que la maleta no era mía/ Decidí ir a Buenos Aires porque me encanta el tango./ compré un billete de avión muy barato/ nos vimos varias veces y creo que estoy enamorado/ salí del aeropuerto y fui al hotel/ aterricé, recuperé mi maleta/ una chica lindísima tenía mi maleta ¡era igual a la suya!/ Volví al aeropuerto.

....

A ....

8 Réponds aux questions de la façon la plus complète possible. livre p. 80

a. En español, ¿*«voiture»* se dice «avión»?

....

A ....

b. ¿Se puede ir a América caminando?

....

A ....

A .... = Apunta las correcciones

Unidad 5

c. ¿Piensas que viajar es inútil y aburrido?

....

Ⓐ ....

d. ¿«El Che» es un personaje de ficción?

....

Ⓐ ....

e. ¿El medio más rápido para viajar es la bicicleta?

....

Ⓐ ....

f. ¿Para viajar se necesita ser rico?

....

Ⓐ ....

Escucha

9 *La ruta Quetzal*

¿Qué recordarán del viaje?

Fiche de compréhension de l'oral

livre p. 83

1re écoute

1. La ruta Quetzal es un viaje por...		Ⓐ
...Guatemala.	☐	☐
...Argentina.	☐	☐
...el Guadalquivir.	☐	☐
...el Amazonas.	☐	☐

2. El viaje se realiza...		Ⓐ
...en avión.	☐	☐
...nadando.	☐	☐
...en barco.	☐	☐
...caminando.	☐	☐

2e écoute

3. Señala con una cruz lo que se necesita en el viaje.

☐ a ☐ b ☐ c ☐ d ☐ e ☐ f

Ⓐ ☐ a ☐ b ☐ c ☐ d ☐ e ☐ f

4. Ordena los momentos del viaje.

☐ a

☐ b

☐ c

☐ d

A 1 ☐ 2 ☐ 3 ☐ 4 ☐

5. ¿Qué recordarán del viaje?

A

Évaluation

La hora de la verdad

Je dois maintenant savoir...

Livre p. 87

...parler d'un projet

A1 Je sais compter, indiquer des quantités et donner l'heure.

A2 Je peux donner des informations simples sur des sujets tels que le travail ou les loisirs.
Je peux justifier très simplement mes opinions, mes projets, mes actes.

1 Présente à tes parents un projet de voyage à partir des informations suivantes. Tu disposes de 450 euros et de 6 jours.

horarios de tren: salida Madrid Atocha 6:30
llegada Sevilla 9:05

sitios de interés:
- Barrio gitano de Triana.
- Feria de Abril (atracciones gigantes y danzas sevillanas).
- Catedral
- Pabellones de la exposición universal de 1992.

precio: 104 euros ida y vuelta.

albergue juvenil[1]:
14,5 euros/noche

1. auberge de jeunesse

...décrire un lieu

A2 Je peux reconnaître un lieu d'après une description simple.

A2 Je peux, dans une petite lettre personnelle, décrire l'endroit où je suis.
Je peux décrire ma famille, l'endroit où j'habite, où je vais en vacances.

2 Écoute les enregistrements et associe chaque phrase à une photo. Décris ensuite plus précisément chacun de ces lieux.

29

☐ a 
☐ b 
☐ c 
☐ d 

A 1 ☐ 2 ☐ 3 ☐ 4 ☐

a. ....

A ....

b. ....

A ....

c. ....

A ....

A .... = Apunta las correcciones

d. ....

A ....

...raconter un voyage

A2 Je peux reproduire à l'écrit des phrases que je connais à l'oral ou m'inspirer de l'oral pour construire des phrases à l'écrit.
Je peux raconter ce qui m'est arrivé dans un passé proche ou lointain.
Je peux relier des phrases avec des mots tels que « parce que », « d'abord », « ensuite », « enfin ».

3 À partir des éléments suivants, écris un bref récit de voyage : en Barcelona/ abril, Málaga, playa/ Madrid, el museo del Prado, marzo/ Sevilla, la Giralda, junio/ Sevilla, el barrio Santa Cruz, un mes/ al sureste, Marruecos, julio/ al norte/ Córdoba, mayo, la mezquita-catedral/ a Barcelona: ¡me encantó el viaje!

....

....

....

....

A ....

....

....

....

...demander quelque chose

A1 Je peux demander un objet ou un renseignement.
Je peux saluer et prendre congé.

A2 Je peux poser des questions.

A1 Je peux me débrouiller assez bien dans des situations courantes de la vie quotidienne (pour me déplacer, me loger, me nourrir et faire des achats).

4 Imaginez la conversation entre les personnes de la photo.

Et avant de partir...

5 Réécoute Un diálogo al día: *Vacaciones en Santiago* **et ordonne les étapes de la conversation sur la fiche que te donnera ton professeur.**

Unidad 6

Cuidarse

1 Souligne les verbes et conjugue-les au passé composé. livre p. 92

a. ¡Me pasa algo terrible, no encuentro el libro! .... - ....

b. Desde pequeña, siempre tengo sueños horribles llenos de monstruos, criaturas fantásticas y accidentes catastróficos. ....

c. ¿A qué hora salen los marineros para pescar? ....

d. Hoy publican un artículo interesante, dicen que con la pesca intensiva desaparecen muchas especies. .... - .... - ....

e. Te cuento una historia fantástica y misteriosa, ¿te la crees? .... - ....

f. –¿Oyes la noticia? –Sí, la oigo, ¡me parece genial! .... - .... - ....

g. ¿Quién coge mis cosas? ....

A a. .... – .... b. ....
c. .... d. .... – ....
– .... e. .... – ....
f. .... – .... – ....
g. ....

2 Complète les phrases avec les participes passés des verbes suivants (attention, n'oublie pas de les accorder si nécessaire) : *preocupar/trabajar/pescar/tener/herir/regresar/morir/cansar*. livre p. 92

a. El hombre está .... porque ha .... un accidente.

b. He .... todo el día: me siento muy ....

c. Los marineros parecen .... porque sus compañeros no han ....

d. Se dice «pez» cuando está vivo, en el agua, y «........................» cuando está ....

A a. .... – .... b. .... – ....
c. .... – .... d. .... – ....

A .... = Apunta las correcciones

3 Me duelen los ojos

Fiche de compréhension de l'oral

¿Y qué más le duele?

livre p. 93

1re écoute

1. La persona que habla está sufriendo: señala en el dibujo las partes del cuerpo que le duelen.

2. ¿Qué siente en su garganta? Ⓐ

		Ⓐ
Una hormiga.	☐	☐
Cien hormigas.	☐	☐
Nada.	☐	☐

3. Esta expresión significa que... Ⓐ

		Ⓐ
...ha comido insectos.	☐	☐
...le pica la garganta.	☐	☐
...tiene una herida en la garganta.	☐	☐

2e écoute

4. ¿Qué necesita para curarse? Subraya el intruso.

a. Ir al hospital.

b. 10 gorros, 12 mantas y 14 pañuelos.

c. Beber leche caliente, dormir, estar en casa.

Ⓐ El intruso es ☐

3e écoute

5. Tu diagnóstico es que la persona... Ⓐ

		Ⓐ
...está enferma.	☐	☐
...está herida.	☐	☐
...se va a morir.	☐	☐

Ⓐ ______ = Apunta las correcciones

4 Dans les phrases suivantes, souligne l'indicateur de quantité correct. livre p. 93

a. No ha tenido *muchos/mucho* accidentes porque es muy prudente.

b. Si no te ayudan los indígenas, sobrevivirás *poco/pocos* tiempo en la selva.

c. No podemos ver el sol: hay *demasiadas/demasiado* nubes aquí.

d. ¡No te aventures *demasiado/demasiados*: existen *muchos/mucho* peligros!

e. Me han gustado *bastante/bastantes* mis vacaciones: he descubierto *mucho/muchas* especies de animales.

A **a.** .... **b.** .... **c.** .... **d.** .... – .... **e.** .... – ....

5 Lis le texte suivant puis illustre-le en prenant en compte les indicateurs de quantité. livre p. 93

En la selva tropical hay muchos árboles: al fondo vemos algunos que son altos, muchos son medianos, la mayoría son del tamaño de los hombres. A la derecha, se ven también muchas flores de todos los colores con algunas mariposas. A orillas del río, a la izquierda, hay demasiadas serpientes: es peligroso aventurarse. En la selva también viven los jaguares: son pocos, pero allí son reyes.

6 À partir des dessins, rédige cinq obligations impersonnelles et cinq obligations personnelles que tu pourrais adresser au jeune homme. livre p. 94

Obligations impersonnelles

Obligations personnelles

A

A

7 Entoure en bleu les verbes conjugués au conditionnel et en rouge ceux qui sont à l'imparfait. livre p. 95

ganaríasentrenabanestudiabasgustaríadebíamoshabríassentiríancopiábamosrealizarían

pensabaisayudadeberíapodríasbailabanpescaríamossabríansientaencantaría

A ganaríasentrenabanestudiabasgustaríadebíamoshabríassentiríancopiábamosrealizarían
pensabaisayudadeberíapodríasbailabanpescaríamossabríansientaencantaría

A .... = Apunta las correcciones

8 ¡Qué desorden! **Remets les mots dans l'ordre pour former des phrases correctes.**

livre p. 96

a. equilibrado que médicos Los aconsejan comamos nos.

Ⓐ

b. estás delgada que Tus dieta padres te hagas una prohiben porque.

Ⓐ

c. niños Mafalda madre piense recomienda los su a que hambrientos en.

Ⓐ

d. consejos Os que los pido de especialistas los escuchéis.

Ⓐ

Escucha

9 *La dieta mediterránea*

Fiche de compréhension de l'oral

livre p. 98

¿Para qué sirve el aceite de oliva?

1re écoute

1. Esta grabación es...

		Ⓐ
a. ...un programa sobre las virtudes del aceite de oliva.	☐	☐
b. ...un anuncio de una marca de aceite.	☐	☐
c. ...un programa sobre los peligros del aceite de oliva.	☐	☐

2. ¿A quién entrevistan?

		Ⓐ
a. A un fabricante de aceite.	☐	☐
b. A un médico.	☐	☐
c. Al dueño de un supermercado.	☐	☐

3. Asocia cada cultura con una fuente de grasa.

a. anglosajona	**1.** aceite de palma
b. mediterránea	**2.** aceite de oliva
c. tropical	**3.** mantequilla

A

a. anglosajona	**1.** aceite de palma
b. mediterránea	**2.** aceite de oliva
c. tropical	**3.** mantequilla

2e écoute

4. Completa.

El aceite de oliva es la base de la ____________ ____________. Esta dieta es el conjunto de hábitos alimenticios de las ____________________________ ____________. Consiste en una variada ____________ de ____________, combinados de un modo tan particular que proporciona todos los nutrientes ____________ para una ____________ ____________.

A El aceite de oliva es la base de la ____________ ____________. Esta dieta es el conjunto de hábitos alimenticios de las ____________________________ ____________. Consiste en una variada ____________ de ____________, combinados de un modo tan particular que proporciona todos los nutrientes ____________ para una ____________ ____________.

5. ¿Verdadero o falso?

El aceite de oliva...	V	F	A V	A F
...es una fuente de grasa mala para el cuerpo.	☐	☐	☐	☐
...facilita el consumo de otros productos.	☐	☐	☐	☐
...favorece la pérdida de pelo.	☐	☐	☐	☐
...es bueno para la piel.	☐	☐	☐	☐

A ________ = Apunta las correcciones

Évaluation

Livre p. 103

La hora de la verdad

Je dois maintenant savoir...

...donner et comprendre des conseils/recommandations.

A2 Je peux comprendre/écrire une lettre personnelle simple et courte.

A2 Je peux comprendre des consignes et des instructions simples.

A2 Je peux demander/donner des conseils/consignes sur des sujets quotidiens.
Je peux donner mon opinion sur des problèmes pratiques.
Je peux exprimer simplement mon accord et mon désaccord.
Je peux dire de façon simple ce que je pense de quelque chose.

1 Réponds à la lettre suivante.

Querido David:
No sé por qué, pero en estos días me siento triste y deprimido. A lo mejor es que estamos en invierno y no conozco a nadie aquí. Ahora que me he ido, me siento un poco solo; es difícil adaptarse a un nuevo barrio, a otros profesores, a otro grupo, a un nuevo colegio. Por suerte, pienso en mis amigos de allá. Respóndeme pronto y dime cómo estás tú.

Un abrazo,
Nicolás

A ....

2 Écoute les enregistrements et associe-les aux illustrations.

34

a

b

c

d

1 ☐ 2 ☐ 3 ☐ 4 ☐

A 1 ☐ 2 ☐ 3 ☐ 4 ☐

3 **En groupe. Imaginez la conversation entre les quatre personnes de la photo.**

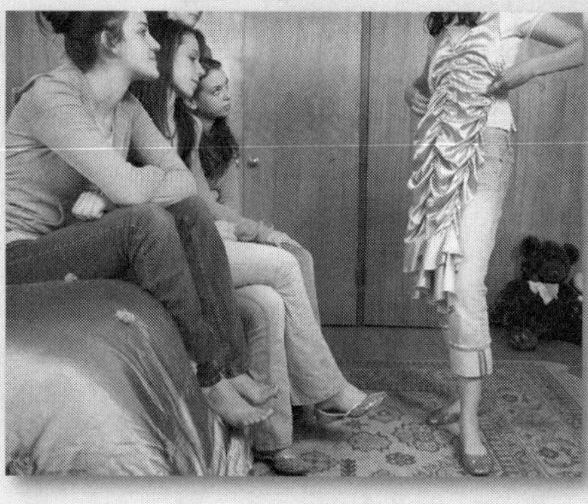

...formuler des obligations.

A2 Je peux donner des conseils et des consignes sur des sujets quotidiens.
Je peux décrire une expérience scolaire.

4 **Écris ce que tu dois faire le lundi.**

A

...parler de mon état physique et exprimer des sensations.

A2 Je peux parler de ce que je ressens.
Je peux raconter ce qui est arrivé dans un passé proche ou lointain et relier mes phrases avec des mots tels que « parce que », « d'abord », « ensuite ».

Unidad 6

5 **Imagine ce que tu ressens dans les situations suivantes.**

a. Tienes fiebre, estás enfermo y en cama desde hace dos días.

A

b. Viajas en avión por primera vez.

A

c. Estás invitado a una fiesta. Eres el primero en llegar.

A

Et avant de partir...

6 **Réécoute** Un diálogo al día: *¡Solidaridad sin fronteras!* **Donne dix informations sur les activités de l'ONG à l'aide de la fiche que te remettra ton professeur.**

Unidad 7

Divertirse

① *Sopa de Letras.* **Trouve dans ces mots mêlés dix adjectifs puis transforme-les en superlatifs.** livre p. 108

d	a	m	a	r	i	l	l	o
i	x	a	f	x	p	t	m	i
v	l	j	g	e	q	r	a	n
e	ñ	o	f	c	l	a	n	t
r	g	u	a	p	o	n	r	e
t	b	ñ	f	l	e	q	o	l
i	í	t	a	d	c	u	j	i
d	b	m	c	r	v	i	o	g
o	p	ñ	i	v	b	l	a	e
i	c	a	r	o	n	o	i	n
o	b	u	e	n	o	p	s	t
p	d	u	l	c	e	e	d	e

malo → malísimo, muy malo

.... → ....

.... → ....

.... → ....

.... → ....

.... → ....

.... → ....

.... → ....

.... → ....

.... → ....

.... → ....

Ⓐ ....

② **Relie les synonymes.** livre p. 108

a. enorme •

b. tranquilísimo •

c. riquísimo •

d. muy pequeño •

e. muy triste •

f. agotado •

• **1.** cansadísimo

• **2.** muy calmado

• **3.** deprimido

• **4.** muy grande/muy gordo

• **5.** delicioso

• **6.** pequeñísimo

Ⓐ a. ☐ b. ☐ c. ☐ d. ☐ e. ☐ f. ☐

Ⓐ .... = Apunta las correcciones

③ Regarde les dessins et rédige des exclamations. Tu peux utiliser le vocabulaire de l'exercice précédent. livre p. 109

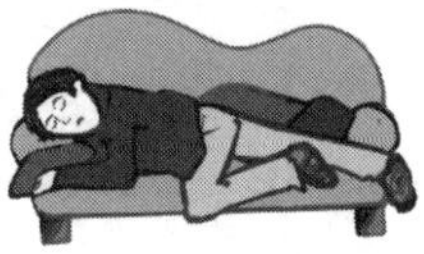
a

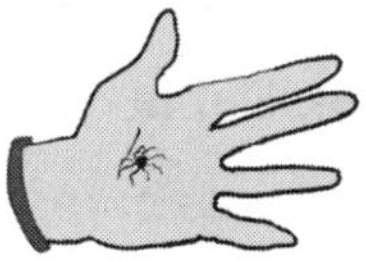
b

c

d

a. ....

Ⓐ ....

b. ....

Ⓐ ....

c. ....

Ⓐ ....

d. ....

Ⓐ ....

④ Que dis-tu quand... (Tu peux utiliser les interjections: *¡vaya! ¡qué guay!*,... simplement, ou les compléter avec une autre exclamation). livre p. 109

a. Tu vecino está de mal humor porque haces mucho ruido. ....

....

Ⓐ ....

b. Tu hermana te da el regalo que querías. ....

....

Ⓐ ....

c. Tu mejor amigo(a) te invita a salir. ....

....

Ⓐ ....

d. Tu amigo(a) te cuenta algo que te sorprende. ....

....

Ⓐ ....

e. Ganas un premio fantástico a la lotería. ....

....

Ⓐ ....

Ⓐ .... = Apunta las correcciones

5 Souligne les verbes conjugués de ce texte et réponds aux questions. livre p. 110

Era una noche triste y aburrida. Sara veía desde su ventana las calles vacías. Estaba cansada. Pensaba que iba a pasar horas viendo la tele. De repente, unos pasos en la escalera. Alguien caminaba en el corredor. Debía de ser su vecina, la gordita que le preguntaba siempre si no quería tomar una tacita de café con ella. Pam, pam... ¡Alguien llamaba a su puerta!

À quel temps sont ces verbes ?

....

A ....

Parmi les verbes que tu as soulignés, relève ceux qui sont irréguliers.

....

A ....

Maintenant, écris le texte au présent.

....

....

....

....

....

A ....

....

....

....

....

6 Souligne les verbes de ce texte puis conjugue-les à l'imparfait de l'indicatif.

livre p. 110

El domingo es el día que más me gusta. Las mañanas son un poco aburridas, pero por las tardes todo cambia. Me levanto y tengo que ayudar a mi madre a hacer el desayuno, luego arreglo mi cuarto y le ayudo en las tareas domésticas. Lo mejor del día está por venir. A eso de las cuatro pasa Lola a buscarme. Salgo con mi falda roja y mis zapatos preferidos: vamos a bailar. En la discoteca de la esquina organizan bailes para los jóvenes del pueblo. Allí veo siempre al vecino que tanto me mira, pero que nunca me saca a bailar.

	A		A
1.		9.	
2.		10.	
3.		11.	
4.		12.	
5.		13.	
6.		14.	
7.		15.	
8.		16.	

Escucha

7 *Los domingos*

¿Qué hacen los jóvenes?

Fiche de compréhension de l'oral

livre p. 111

1re et 2e écoute

1. ¿Verdadero o falso?	V	F	A V	A F
Los domingos son para la familia.	☐	☐	☐	☐
Las comidas familiares son los sábados.	☐	☐	☐	☐
El peor día es el sábado.	☐	☐	☐	☐
El peor día es el domingo.	☐	☐	☐	☐
Los domingos, los jóvenes estudian mucho.	☐	☐	☐	☐

2. Relaciona cada actividad con un joven. Cuando era pequeño/a...

a. Débora... **b.** Alejandro... **c.** Alejo... **d.** Patricia...

1. ...se levantaba tarde. **2.** ...iba a la iglesia. **3.** ...veía dibujos. **4.** ...iba al parque.

A a. ☐ b. ☐ c. ☐ d. ☐

3e écoute

3. Subraya en rojo las palabras que corresponden al domingo y en azul las palabras que corresponden al sábado.

amigos/salir/aburrirse/estudio intensivo/parque/ triste/tranquilo /ver televisión/estar en casa/pensar en el colegio/pasarlo bien/el mejor día/comer/abuelos.

A amigos/salir/aburrirse/estudio intensivo/parque/ triste/tranquilo /ver televisión/estar en casa/pensar en el colegio/pasarlo bien/el mejor día/comer/abuelos.

4. ¿Qué hacen los jóvenes los domingos?

A

A .... = Apunta las correcciones

8 **Complète les phrases avec *ya* ou *ya no*.** livre p. 111

A

a. Manuel .... volvió. Llegó a las dos de la tarde.

b. .... quiero ver películas de terror. ¡Después no puedo dormir!

c. .... llega el verano, pronto .... usaremos jerseys ni bufandas.

d. .... me gusta mi viejo pantalón, ... es hora de comprarme uno nuevo.

e. .... vamos a ir de vacaciones a España. ¡Qué triste!

f. ¡............ sé dónde vives!

9 **Compare le passé et le présent en utilisant ces éléments.** livre p. 111

a. Para viajar a América: largos viajes en barco – coger el avión.

A ....

b. La fotografía: sólo en blanco y negro – en color.

A ....

c. Bailar: siempre en parejas – solo, en parejas o en grupo.

A ....

d. En las fiestas: con instrumentos y orquestas – con equipos modernos y ordenadores.

A ....

10 **Formule des souhaits ou des ordres à partir de ces éléments. Pour chaque énoncé, tu peux utiliser plusieurs formulations, en complétant la phrase si nécessaire.** *nosotros/tener suerte → ¡Qué tengamos suerte!* livre p. 112

a. las malas noticias/acabarse → ....

A ....

b. vosotros/aprender mejor → ....

A ....

c. tú/llegar a tiempo → ....

A ....

A .... = Apunta las correcciones

Escucha

(11) *La última novela que leí*

Fiche de compréhension de l'oral

livre p. 112

¿Qué le gustó en la novela?

1re écoute

1. *Calle Mayor, 10* es el título de...

		A
a. ...un cuento para niños.	☐	☐
b. ...una novela policíaca de lectura fácil.	☐	☐
c. ...una película infantil.	☐	☐

2. Subraya lo que le gusta a Sara en *Calle Mayor, 10*.

el suspense – el humor – la intriga – los personajes – las descripciones – el título

A el suspense – el humor – la intriga – los personajes – las descripciones – el título

3. Clasifica las respuetas por orden de importancia.

Cuando Sara lee quiere...		A
...aprender y aumentar su cultura.	☐	☐
...pasar un buen momento.	☐	☐
...olvidar los problemas.	☐	☐

2e écoute

4. Subraya el tipo de libros que le gustaban a Sara cuando era pequeña.

Los libros de misterio.
Los cómics.
Los libros de aventura.
Las historias de detectives.
Las novelas históricas.

A Los libros de misterio.
Los cómics.
Los libros de aventura.
Las historias de detectives.
Las novelas históricas.

5. Cita dos títulos que le gustaron a Sara.

a. ....

A ....

b. ....

A ....

A .... = Apunta las correcciones

Unidad 7

Évaluation

La hora de la verdad

Je dois maintenant savoir...

Livre p. 119

...faire une invitation.

A2 Je peux faire ou accepter une offre, une invitation.

1 Prépare des invitations pour les fêtes suivantes.

Navidad | **Año Nuevo** | **San Juan**

A .... A .... A ....

...exprimer satisfaction, surprise et mécontentement.

A2 Je peux identifier le sujet d'une conversation qui se déroule en ma présence.

A2 Je peux exprimer simplement mon accord ou mon désaccord. Je peux dire de façon simple ce que je pense de quelque chose, ce que j'aime ou je n'aime pas.

2 Associe les phrases que tu entends avec les photographies.

39

a.

b.

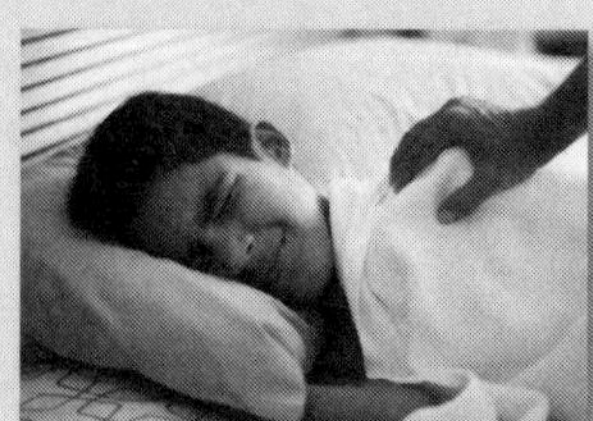
c.

d.

1☐ 2☐ 3☐ 4☐ A 1☐ 2☐ 3☐ 4☐

A .... = Apunta las correcciones

...comparer le passé et le présent.

A2 Je peux décrire et comparer sommairement des personnes.

3 **Regarde ce qui reste identique et ce qui a changé entre les années 1930 et aujourd'hui.**

A

...formuler un vœu.

A2 Je peux donner des conseils et des consignes sur des sujets quotidiens.

4 **Imagine les vœux que peuvent se faire réciproquement les personnes de l'illustration.**

A

Unidad 7

Et avant de partir...

5 **Réécoute** Un diálogo al día: *El cumple de Pablo.* **Relève les affirmations qui sont justes et corrige celles qui ne le sont pas sur la fiche que te donnera ton professeur.**

A .... = Apunta las correcciones

Unidad 8

Crear

① ¿Eres poeta? **Ajoute une strophe au poème de Jairo Aníbal Niño en inventant une nouvelle fin au vers.** livre p. 124

Cómo no me vas a querer

Si yo ……………………

……………………

……………………

……………………

Ⓐ

Cómo no me vas a querer

Si yo ……………………

……………………

……………………

……………………

② **Souligne dans chaque phrase le pronom personnel, puis trouve, parmi ces étiquettes, le complément auquel il correspond.** livre. 124

mi secreto | a ustedes | a Pedro | las letras | los poemas | la biblioteca | a tus padres | a mis amigos y a mí

a. Los escribo cuando estoy solo. …………… Ⓐ ……………

b. No las veo muy bien sin gafas. …………… Ⓐ ……………

c. La conozco muy bien. …………… Ⓐ ……………

d. Le llevamos un regalo ayer. …………… Ⓐ ……………

e. Nos ha gustado mucho la película. …………… Ⓐ ……………

f. No lo voy a contar. …………… Ⓐ ……………

g. Les explicarás tu problema. …………… Ⓐ ……………

h. Les encanta bailar. …………… Ⓐ ……………

③ **Conjugue les verbes, soit au futur soit au présent du subjonctif, pour formuler des hypothèses.** livre p. 125

a. ¿Quién (estar) …………… llamando? Es posible que (ser) …………… su hijo. Ⓐ …………… – ……………

b. ¿Por qué (llorar) …………… tu amigo? Es posible que le (doler) …………… la cabeza. Ⓐ …………… – ……………

c. ¿Por qué (tardar) …………… tanto? Es posible que (estar) …………… charlando con Ana. Ⓐ …………… – ……………

Ⓐ …………… = Apunta las correcciones

d. ¿A qué hora (llegar-nosotros) .... ? Es posible que Miguel no nos (esperar) .... mucho. Ⓐ .... – ....

e. ¿De qué (reírse) .... los niños? Es posible que (ver) .... una película graciosa. Ⓐ .... – ....

Escucha

4 Asomada a la ventana

Fiche de compréhension de l'oral

livre p. 125

¿Cómo interpretan el cuadro?

1re écoute

1. ¿Verdadero o falso?

	V	F	Ⓐ V	Ⓐ F
Las chicas se llaman Verónica y Patricia.	☐	☐	☐	☐
Sólo habla un chico.	☐	☐	☐	☐
Hablan de varios cuadros de Dalí.	☐	☐	☐	☐
Los comentarios de los jóvenes son interesantes.	☐	☐	☐	☐

2. Elige las respuestas correctas.
¿Qué partes del cuadro evocan los jóvenes?

los colores — el mar — la ropa de la mujer — la cara de la mujer — la ventana abierta — los barcos

Ⓐ los colores — el mar — la ropa de la mujer — la cara de la mujer — la ventana abierta — los barcos

2e écoute

3. Elige la respuesta correcta.

a. Los jóvenes piensan que la chica del cuadro…

		Ⓐ
…está muy contenta.	☐	☐
…se siente sola.	☐	☐
…está hablando con su vecina.	☐	☐
…está mirando el mar.	☐	☐

b. Para ellos, el mar representa…

		Ⓐ
…el verano.	☐	☐
…la libertad.	☐	☐
…la naturaleza.	☐	☐
…la paz.	☐	☐

c. Según los jóvenes, la casa es…

		Ⓐ
…una prisión.	☐	☐
…un refugio.	☐	☐
…un lugar agradable.	☐	☐

Unidad 8

Ⓐ .... = Apunta las correcciones

5 Relève les verbes conjugués au passé simple, puis indique s'il s'agit du verbe *ser, ir* ou *irse*. livre p. 126

Fue una gran sorpresa cuando los personajes se fueron. Por curiosidad mis amigos y yo fuimos al museo para ver los cuadros vacíos. El rey fue el único que no se fue. Seguramente, como ya es viejo, fue imposible para él bajar del cuadro.

a. .... **b.** .... **c.** .... **d.** ....

e. .... **f.** ....

A a. .... b. .... c. .... d. ....

e. .... f. ....

6 Souligne les verbes, puis réécris le texte en les conjuguant au passé simple ou à l'imparfait. livre. 126

Es viernes por la noche: espero escondido en el museo. Mis tíos me dicen que los personajes tienen vida nocturna. No me muevo, no hago ruido, soy paciente... De repente, los personajes se despiertan: se levantan y van saliendo de los cuadros. Observo al coloso: me muero de miedo cuando se me acerca... pero no me ve. En silencio, me voy hacia la puerta y me duermo en un rincón.

....

A ....

7 Cronología de Goya. Indique dans le tableau les événements importants de la vie du peintre et ses œuvres les plus célèbres. livre pp. 126-127

	vida	obras
1740-1760		
1760-1770		
1770-1780		
1780-1800		
1800-1820		
1820-1830		

A	vida	obras
1740-1760		
1760-1770		
1770-1780		
1780-1800		
1800-1820		
1820-1830		

8 Complète les phrases avec *quién* ou *quiénes*. livre p.127

a. –¿De .... es este libro?

–No sé, no recuerdo .... me lo ha dado.

b. Me encantan estos cuadros: ¿sabes .... es el pintor?

c. Adivina .... llegaron más tarde.

d. Decid .... sois y después entraréis.

e. Fueron los franceses .... invadieron España.

f. Alguien me lo dijo, pero ¿.................... fue?

A

Escucha

9 *Marta, cantante en París*

Fiche de compréhension de l'oral

livre p. 128

¿Qué papel tiene la música en su vida?

1. ¿Verdadero o falso?

Marta...	V	F	A V	A F
...de pequeña ya tenía alma de artista.	☐	☐	☐	☐
...siempre quiso hacer salsa.	☐	☐	☐	☐
...descubrió la salsa en París.	☐	☐	☐	☐
...piensa que la salsa es internacional.	☐	☐	☐	☐

2. Asocia cada tipo de música con el país adecuado.

		A	
Son	Puerto Rico	Son	Puerto Rico
Bomba	República Dominicana	Bomba	República Dominicana
Merengue	Cuba	Merengue	Cuba

A .... = Apunta las correcciones

3. ¿Qué caracteriza al grupo de Marta? Ⓐ

a. Que sólo hay mujeres. ☐ | ☐

b. Que sólo hacen música instrumental. ☐ | ☐

c. Que sólo tocan canciones de amor. ☐ | ☐

4. De las siguientes temáticas, di cuáles preocupan a Marta.

racismo | ciencia ficción | historia de América | feminismo | integración social

Ⓐ racismo | ciencia ficción | historia de América | feminismo | integración social

(10) Observe les photos et compare-les (ambiance, etc...). livre p. 128

a. bailando salsa

b. bailando tango

c. bailando tecno

Ⓐ

11 *Autorretrato simbólico.* **Jouons au portrait chinois ! Complète les phrases suivantes avec des éléments qui te correspondent.** livre p. 129

Si fuera *(si j'étais)* un animal, sería

Si fuera un vegetal, sería

Si fuera un paisaje, sería

Si fuera un momento del día, sería

Si fuera un color, sería

Prépare ensuite ton autoportrait symbolique. Colle au centre du dessin une photo de ton visage : dessine le corps de l'animal que tu as choisi, puis crée un paysage avec les éléments de tes réponses.

Aquí:
tu foto

Ⓐ = Apunta las correcciones

Évaluation

La hora de la verdad

Je dois maintenant savoir...

Livre p. 135

...exprimer des sentiments.

A1 Je peux comprendre le sujet d'une histoire courte ou d'un dialogue simple.

A1 Je peux essayer de deviner le contenu d'un texte en m'aidant des illustrations.

A2 Je peux exprimer simplement des sentiments.
Je peux reproduire à l'écrit des phrases que je connais à l'oral ou m'inspirer de l'oral pour construire des phrases à l'écrit.

1 Écoute les enregistrements et associe-les aux photographies.

44

a.

b.

c.

d.

1 ☐ 2 ☐ 3 ☐ 4 ☐

A 1 ☐ 2 ☐ 3 ☐ 4 ☐

2 Lis le message de Ramón et réponds-lui.

Eliminar | Responder | Reenviar | Es spam | Mover

De:	Ramón
Para:	un(a) amigo(a)
Asunto:	Ayuda

Necesito ayuda. Tengo que hacer una redacción para mañana que debe llamarse «A veces es difícil expresar cómo nos sentimos», tengo que dar ejemplos de situaciones reales, de mi vida o de las de mis amigos. No sé qué hacer. ¿Tienes alguna idea? ¡Estoy seguro de que me ayudarás! Espero tu mensaje.

Eliminar | Responder | Reenviar | Es spam | Mover

De:	
Para:	
Asunto:	

A

Eliminar | Responder | Reenviar | Es spam | Mover

De:	
Para:	
Asunto:	

A .... = Apunta las correcciones

...décrire une personne ou un paysage et faire des comparaisons.

A2 Je peux reproduire à l'écrit des phrases que je connais à l'oral ou m'inspirer de l'oral pour construire des phrases à l'écrit.

Je peux décrire quelque chose, des lieux ou des personnes.

Je peux décrire et comparer sommairement des lieux.

3 **Décris et compare les tableaux suivants.**

Manuel García Rodríguez, *Puerto de Cadiz*, siglo XX.

Joaquín Sorolla, *Rompeolas de San Sebastián*, 1917.

...faire des hypothèses.

A2 Je peux dire de façon simple ce que je pense de quelque chose.

Je peux faire des suppositions sur des situations de la vie quotidienne.

4 **En groupe. Choisissez l'un des deux tableaux puis demandez-vous de quoi peuvent parler les personnages.**

Cuadro:

A

Et avant de partir...

5 **Réécoute** Un diálogo al día: *¿Qué cuadro será?* **Cherche dans le livre le tableau dont parlent Miriam et Lorenzo et indique, sur la fiche que te donnera ton professeur, ses références, dans quel musée il se trouve et pourquoi ils le cherchent.**

A = Apunta las correcciones

Unidad 8

Unidad 9

Explorar

1 Présente ce dinosaure et situe-le sur la frise du manuel. livre p. 140

Dacentrus
Jurásico superior - Cretácico inferior
Tamaño: 4-7 m de largo, 2 m de altura.
Peso: 300 kilogramos.
Descubierto en 1875.

....

....

....

....

A ....

....

....

2 Complète les phrases avec les verbes suivants conjugués à la personne indiquée, au temps et au mode qui conviennent : *vestir, pedir, medir, elegir, corregir* et *servir*. livre p. 140

a. En invierno siempre (yo) .... pantalones y jerseis para no tener frío.

b. ¿(Tú) .... el pescado que pescaron? ¿Cuánto (él) ....? Parece enorme.

c. Quiero que (nosotros) .... el examen de historia del viernes sobre las pinturas rupestres.

d. Ayer Manuel me .... ayuda para medir un cráneo de dinosaurio.

e. ¿Para qué .... este microscopio? ¿Para observar a los animales?

f. ¿Qué tema (vosotros) .... para la exposición, los dinosaurios o los peces fósiles?

A **a.** .... **b.** .... – .... **c.** ....
d. .... **e.** .... **f.** ....

A .... = Apunta las correcciones

Escucha

③ *Dinópolis*

¿Qué se puede ver en el parque?

Fiche de compréhension de l'oral

livre p. 141

1re écoute

1. ¿Qué es Dinópolis? (A)

		A
Un parque temático sobre dinosaurios	☐	☐
El nombre de un dinosaurio.	☐	☐
Una ciudad de la provincia de Teruel.	☐	☐

2. ¿Qué son los: Seismosaurus, Minnis, Epanterias?

		A
Marcas de coches.	☐	☐
Nombres de dinosaurios.	☐	☐
Nombres de arqueólogos.	☐	☐

2e et 3e écoute

3. Completa las informaciones que faltan.

El Seismosaurus es el _____ con _____ de longitud.

El más _____ y _____ es el Ultrasaurus que mide _____ y pesa _____.

El Micropachycephalosausus es a la vez el más _____ y el que tiene el _____.

El que tiene el nombre más corto es el _____.

El Eoraptor es el más _____ ya que vivió _____ _____.

El Tyrannosaurus medía _____ metros, es decir, _____ que el Spinosaurus.

(A) El Seismosaurus es el _____ con _____ de longitud.

El más _____ y _____ es el Ultrasaurus que mide _____ y pesa _____.

El Micropachycephalosausus es a la vez el más _____ y el que tiene el _____.

El que tiene el nombre más corto es el _____.

El Eoraptor es el más _____ ya que vivió _____ _____.

El Tyrannosaurus medía _____ metros, es decir, _____ que el Spinosaurus.

(A) _____ = Apunta las correcciones

4 ¿*Hace* ou *desde hace* ? livre p. 141

a. .... años la cueva de Altamira es un sitio muy visitado por los turistas.

b. ¡ .... mucho más de 65 millones de años que el pez celacanto está en la Tierra!

c. .... unos cien años, el estudio de los dinosaurios nos ha revelado muchas cosas sobre la historia de nuestro planeta.

d. .... miles de años un artista pintó escenas de animales en una caverna.

A a. .... b. .... c. .... d. ....

5 ¡Qué desorden! **Ordonne les éléments pour faire des phrases.** livre p. 141

a. Los la llevan cueva españoles Altamira años visitando de.

....

A ....

b. buscando dos días Llevamos restos indígenas en ruinas las.

....

A ....

c. a llevan dinosaurios paleontólogos Los muchos años fascinando los.

....

A ....

d. Soy y mucho estudiando tiempo llevo científico los peces fósiles.

....

A ....

e. tiempo del mucho búfalo El mirando lleva el niño dibujo.

....

A ....

6 Complète les phrases avec *uno/a/os/as, otro/a/s* ou *los/las demás.* livre p. 142

a. .... piensan que fueron los vikingos los que descubrieron América, ... dicen que fue Cristóbal Colón.

b. Mientras .... conquistadores instalaban el campamento, ... exploraban los alrededores.

c. En América muchos conquistadores estuvieron enfermos: .... por el clima, ... por la alimentación, ... por los animales y las plantas venenosas.

A a. .... – .... b. .... – ....

c. .... – .... – ....

A .... = Apunta las correcciones

7 *El tesoro escondido.* **Trois amis se sont perdus dans la jungle. Ils ont trouvé un trésor mais ne pouvant pas partir avec lui, ils ont décidé de l'enterrer. Sur ces trois feuilles de bananier, ils ont écrit le plan pour le retrouver. Reconstitue le message caché à l'aide des mots éparpillés.** livre p. 143

Río ___, ___ de ___
___ llegues ___ ___ del ___, ___ un ___. ___ estés
___ ___ derecha ___ ___, caminarás ___ ___ hacia
___ ___. Cuando ___ ___ los ___ ___, verás ___
___ en ___ ___ mosquito. ___ ___ veas, ___ ___ ella.
___ ___ encuentres ___ ___ piedra, ___ ___ sur. ___
___ una ___ ___. Cuando ___ ___ la ___, ___ quince
___ ___ cavarás. ___ ___ metros ___ ___ tesoro.

___ Atrato, ___ ___ 1551
___ ___ al ___ ___ río, ___ ___ arbolito. ___
___ a ___ ___ del ___, ___ diez ___ ___ el ___.
___ hayas ___ ___ diez ___, ___ una ___ ___ forma
___ ___. Cuando ___ ___, subirás ___ ___. Cuando
___ ___ sobre ___ ___, mirarás ___ ___. Allí ___
___ pequeña ___. ___ entres ___ ___ cueva, ___
___ pasos ___ ___. A ___ ___ está ___ ___.

___ ___, Septiembre ___ ___
Cuando ___ ___ nacimiento ___ ___, encontrarás ___ ___.
Cuando ___ ___ la ___ ___ árbol, ___ ___ pasos ___
___ Este. ___ ___ caminado ___ ___ pasos, ___ ___
piedra ___ ___ de ___. ___ la ___, ___ en ___. ___
te ___ ___ la ___, ___ al ___. ___ hay ___ ___
cueva. ___ ___ en ___ ___, caminarás ___ ___ y ___.
___ dos ___ ___ el ___.

A ___

8 *Sopa de Letras.* **Trouve dans ces mots mêlés les dix mots de la liste puis transforme-les en diminutifs.** livre p. 143

e	b	v	c	c	x	t	y	p
m	m	e	t	a	m	o	t	á
i	e	a	ñ	b	m	i	p	j
l	x	d	n	e	v	u	p	a
i	i	t	ñ	z	i	o	l	r
o	c	a	r	a	a	r	á	o
a	a	w	b	o	j	n	t	l
c	n	g	v	k	e	s	a	m
e	o	r	b	o	c	a	n	u
g	f	c	l	i	b	r	o	v
h	l	p	h	o	e	i	p	e
v	n	m	u	e	m	x	n	y

manzana → *manzanita*

cabeza → ....

pájaro → ....

cara → ....

mexicano → ....

libro → ....

tomate → ....

boca → ....

viaje → ....

coche → ....

plátano → ....

Ⓐ ....

9 **Associe chaque diminutif à sa définition.** livre p. 143

1. cucharita
2. monito
3. naranjitas
4. pececito
5. arbolito
6. barquito

a. Puede ser una canoa. Es un barco pequeño.

b. Un árbol que mide menos de un metro.

c. Puede ser un tití. Vive en los árboles donde nadie lo ve porque es muy pequeño.

d. Sirve para comer el postre.

e. Naranjas de tamaño reducido.

f. Un pez que mide cuatro centímetros.

Ⓐ 1. ☐ 2. ☐ 3. ☐ 4. ☐ 5. ☐ 6. ☐

10 **Complète les phrases en conjuguant le verbe entre parenthèses à la personne et au temps adéquats.** livre p. 144

a. Cuando (tú/ser) .... mayor, (estudiar) .... antropología.

b. En 2095, cuando los hombres (querer) .... comer, (poner) .... un robot en marcha.

c. En 2036, cuando alguien (necesitar) .... cambiar de ropa, ésta (transformarse) ....

d. En 2045, cuando (nosotros/viajar) ...., lo (hacer) .... en naves rapidísimas.

Ⓐ a. .... – .... b. .... – ....

c. .... – .... d. .... – ....

Ⓐ .... = Apunta las correcciones

11 *Pedro Duque, un astronauta español*

¿Qué se siente en el espacio?

Fiche de compréhension de l'oral

livre p. 145

1re écoute

1. El documento es…

		A
…una entrevista	☐	☐
…un anuncio.	☐	☐
…un programa de divulgación científica.	☐	☐

2. Pedro Duque es…

		A
…ingeniero.	☐	☐
…piloto.	☐	☐
…astronauta.	☐	☐

2e écoute

3. ¿Verdadero o falso?

	V	F	A V	A F
Pedro Duque considera que tuvo suerte.	☐	☐	☐	☐
Nunca fue al espacio.	☐	☐	☐	☐
Lo que más le gustó fue ver la Tierra desde arriba.	☐	☐	☐	☐
Considera que cualquier viaje es enriquecedor.	☐	☐	☐	☐
La ingravidez es muy incómoda.	☐	☐	☐	☐
Viajar a Marte es una utopía.	☐	☐	☐	☐

4. Completa.

Pedro Duque pidió ser astronauta en los años .... Se presentaron .... candidatos. Había que tener entre .... y .... años. Al final seleccionaron a ....

A Pedro Duque pidió ser astronauta en los años .... Se presentaron .... candidatos. Había que tener entre .... y .... años. Al final seleccionaron a ....

5. Según Pedro Duque, es difícil organizar más viajes en el espacio porque…

....

....

....

A ....

....

A .... = Apunta las correcciones

La hora de la verdad

Je dois maintenant savoir...

Livre p. 151

...donner des informations chiffrées (dates, mesures) et exprimer la durée.

A2 Je peux trouver un renseignement spécifique dans des prospectus, des menus, des annonces, des horaires, un site Internet...

A2 Je peux reproduire à l'écrit des phrases que je connais à l'oral ou m'inspirer de l'oral pour construire des phrases à l'écrit.
Je peux décrire quelque chose.
Je peux aussi donner des informations chiffrées.

1 Écris un bref paragraphe en décrivant ces animaux avec les informations données.

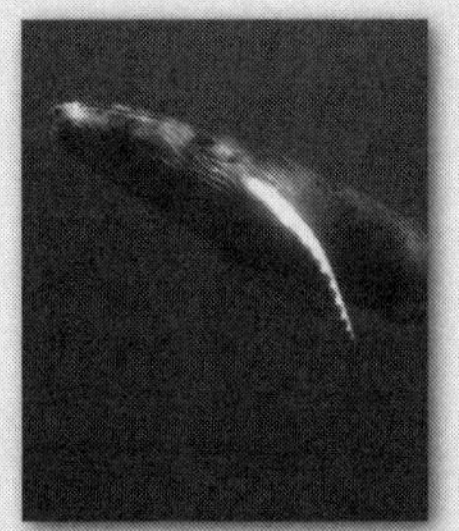

Ballena jorobada
15 a 17 metros
40 toneladas

A

Jirafa
4,80 a 5 metros
900 kilogramos

A

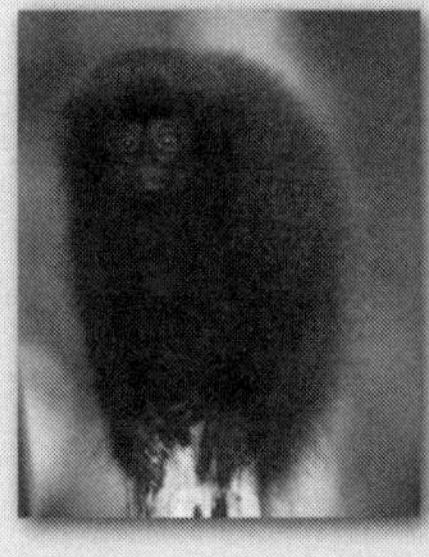

Un mono tití
26 centímetros
200 gramos

A

2 Situe l'apparition de 4 êtres vivants dans le temps.

Fecha antes del período actual	Condiciones geológicas	Vida animal
90.000 años		Aparición del hombre
1,8 millones de años	Fin de la última glaciación y clima más clemente	Aparición de los monos, expansión de los mamíferos
11 millones de años	Actividad volcánica	

A .... = Apunta las correcciones

25 millones de años	Formación de cordilleras	Primeros mamíferos modernos
36 millones de años	Clima más cálido	
54 a 65 millones de años	Erosión de montañas	Aparición de carnívoros, primeros mamíferos marinos con placenta

1. ....

A ....

2. ....

A ....

3. ....

A ....

4. ....

A ....

...raconter un événement, une expérience.

A2 Je peux comprendre de courts passages à la radio à condition que la personne parle lentement.

Dans une histoire simple, je peux reconnaître si on parle de faits présents, passés ou futurs.

A2 Je peux raconter ce qui est arrivé dans un passé proche ou lointain.

3 Écoute les informations et raconte la nouvelle à un de tes camarades.

49

...faire des suppositions et parler de l'avenir.

A2 Je peux échanger des idées sur des sujets familiers.
Je peux de façon simple dire ce que je pense de quelque chose.
Je peux aussi parler de mes projets.

4 En groupes. Imaginez comment sera votre vie lorsque vous serez adultes.

Et avant de partir...

5 Réécoute Un diálogo al día: *Explorando las ruinas de Tikal.* **Choisis les photos qui peuvent illustrer le dialogue sur la fiche que te donnera ton professeur.**

A .... = Apunta las correcciones

Unidad 10

Informarse

1 Relie chaque relative à la phrase qui lui correspond. livre p. 154

a. La chica de ... se llama Rosario.
b. Es la cafetería...
c. Fue su padre...
d. La periodista ... nos lo contó todo.
e. Ese hombre ... está sentado a la derecha.

1. cuyo nombre no recuerdo
2. la cual te hablo
3. con la que hemos hablado
4. donde os conocisteis.
5. quien le obligó a venir.

A a. ☐ b. ☐ c. ☐ d. ☐ e. ☐

2 Observe les dessins et rédige des phrases exprimant la simultanéité. livre p. 155

a. ....

A ....

b. ....

A ....

c. ....

A ....

3 ¡Qué desorden! Remets les mots dans l'ordre pour faire des phrases correctes.
livre p. 156

a. desaparecido Los había estaban porque padres su preocupados hija.

....

A ....

b. había El era culpable monitor a adolescente porque no avisado la el.

....

A ....

A .... = Apunta las correcciones

c. Los pasado testigos fueron la policía había explicar para lo que a.

....

Ⓐ ....

Escucha

④ *Breve*

Fiche de compréhension de l'oral

¿Qué anunciaron en la radio?

livre p. 156

1re écoute

1. Indica la respuesta correcta.

a. El permiso por puntos se aprobó el…

		Ⓐ
…6 de julio de 2005.	☐	☐
…6 de junio de 2006.	☐	☐
…16 de julio de 2005.	☐	☐

b. La distribución de puntos es…

– para un conductor común: ________ puntos.

Ⓐ ________ puntos.

– para un conductor novel: ________ puntos.

Ⓐ ________ puntos.

c. Un conductor novel es aquél que…

		Ⓐ
…ha ganado el premio Nobel.	☐	☐
…conduce desde hace poco tiempo.	☐	☐
…no ve bien.	☐	☐
…no bebe alcohol.	☐	☐

2e écoute

2. Di cuáles de las siguientes actitudes pueden provocar la pérdida de puntos y cuántos puntos se pierden.

	Sí	No	puntos	Ⓐ Sí	Ⓐ No	Ⓐ puntos
Hablar por el móvil.	☐	☐	________	☐	☐	________
Viajar solo por el centro de la ciudad.	☐	☐	________	☐	☐	________
Dejar las luces encendidas.	☐	☐	________	☐	☐	________
Negarse a hacer un test de alcoholemia.	☐	☐	________	☐	☐	________

3. Apunta dos informaciones que permitan afirmar que para el ministro la medida ha sido positiva.

....

....

Ⓐ ....

....

Ⓐ ________ = Apunta las correcciones

5 Conjugue les verbes au passé et rédige des suppositions. livre p. 157

a. Ana no [llegar]: ¿[estar] en los atascos?

A

b. En el 2007 [haber] más accidentes: ¿los conductores no [respetar] las reglas?

A

c. Los jóvenes [tener] un accidente grave: ¿[ir] demasiado rápido?

A

d. El accidente [ocurrir] por la noche: ¿los automovilistas [estar] cansadísimos?

A

e. El chico [conducir] sin carné: ¡no [darse] cuenta del peligro!

A

6 Raconte ce que se disent ces personnages (style indirect). livre p. 158

A

A = Apunta las correcciones

7 Una chicana en Estados Unidos

Fiche de compréhension de l'oral

livre p. 160

¿Qué hace la chica en inglés y qué hace en español?

1re écoute

1. ¿Cómo alternan el inglés y el español?

	V	F	Ⓐ V	Ⓐ F
Hay versos sólo en inglés.	☐	☐	☐	☐
Hay versos sólo en español.	☐	☐	☐	☐
Hay versos donde se mezclan el inglés y el español.	☐	☐	☐	☐

2. ¿De qué trata el poema?

		Ⓐ
De una chica que no habla bien inglés.	☐	☐
De la familia de un hombre que vive en Estados Unidos.	☐	☐
De la vida de una joven hispana que vive en Estados Unidos.	☐	☐

3. ¿Qué hace en español? Subraya los verbos.

soñar — mecerse — hablar — mirar — jugar — dormir

ir a la iglesia — leer — trabajar — pensar — hacer cariños

querer — conducir — cantar — correr — sentir

Ⓐ ....

....

4. ¿En qué aspectos de la vida de la chica domina el español? Subraya las palabras.

sentimental — racional — amoroso — laboral — intelectual

corporal — musical — imaginativo — lúdico

Ⓐ ....

....

Ⓐ .... = Apunta las correcciones

Évaluation

Livre p. 165

La hora de la verdad

Je dois maintenant savoir...

...utiliser le dictionnaire.

A2 Je peux comprendre une explication simple.

A2 Je peux donner une explication simple.

1 Associe chaque mot à une définition et donne une définition possible pour le mot restant.

coche | etimología | verde

nm, adj. color en el cual se unen el azul y el amarillo. Simboliza la esperanza y la juventud.

nf. origen de las palabras, razón de su existencia, de su significación y de su forma.

Palabra: .... A ....

Definición que falta: ....

....

A ....

...raconter deux événements simultanés.

A2 Je peux raconter ce qui est arrivé dans un passé proche ou lointain.

2 Improvisez la conversation entre les deux personnages de l'illustration.

A .... = Apunta las correcciones

...comprendre et rédiger un message informatif.

A2 Je peux comprendre de courts passages à la radio.
Je peux, en m'aidant d'une image, identifier le sujet général d'une information.

A2 Je peux raconter ce qui est arrivé dans un passé proche ou lointain.

3 À l'aide de l'enregistrement, rédige la légende de la photo.

54

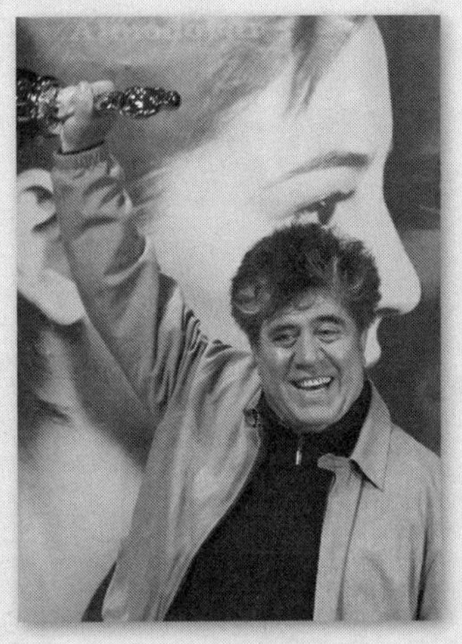

El director de cine español
Pedro Almodóvar...

A

...faire des hypothèses sur le passé et rapporter des paroles.

A2 Je peux raconter ce qui est arrivé dans un passé proche ou lointain.

4 Imagine pourquoi la femme est en colère et ce que dit chaque personnage.

una multa : une contravention

A

Unidad 10

Et avant de partir...

5 Réécoute Un diálogo al día: *Noticias del 28 de diciembre.*
Relève les affirmations qui sont justes et corrige celles qui ne le sont pas sur la fiche que te donnera ton professeur.

A .... = Apunta las correcciones

Crédits photographiques

p. 9 ht m Ph. © Gabe Palmer / CORBIS • p. 9 ht d Ph. © Ed Bock / CORBIS • p. 9 ht g Ph. © Virgo Productions / Zefa / CORBIS • p. 11 ht Ph. © Schlegelmilch / CORBIS • p. 17 bas g Ph. © Seth Kushner / CORBIS • p. 17 bas m Ph. © Altrendo / GETTY IMAGES France • p. 17 bas d Ph. © Peter Correz / GETTY IMAGES France • p. 21 Ph. © A. Saerchinger / CORBIS • p. 24 ht d Ph. © Brian Lawrence / Imagestate / HPP • p. 24 ht g Ph. © Frans Lanting / CORBIS • p. 24 m g Ph. © Mario Fourmy / REA • p. 24 m d Ph. © Beltra Daniel / HPP • p. 25 ht g Ph. © H de Le'n / SIPA PRESS • p. 25 ht m Ph. © Eric Bouvet / REA • p. 25 ht d Ph. © Jan Butchofsky- Houser / CORBIS • p. 33 ht g Ph. © M. Hartman / Zefa / CORBIS • p. 33 ht m Ph. © Tony Anderson / GETTY IMAGES France • p. 33 ht d Ph. © Tom Stewart / CORBIS • p. 33 m d Ph. © Martin Meyer / Zefa / CORBIS • p. 36 © Droits Réservés • p. 40 bas g Ph. © A. Woolfitt / CORBIS • p. 40 m g Ph. © Juan José Pascual / Age Fotostock / Hoaqui / HPP • p. 40 m d Ph. © O. Alamany & E. Vincens / CORBIS p. 40 bas d Ph. © D. Giudice / Archivolatino – REA • p. 41 Ph. © J. Fernstrom / GETTY IMAGES France • p. 49 Ph. © Rana Faure / GETTY IMAGES France p. 56 bas g Ph. © Blasius Erlinger / Zefa / CORBIS • p. 56 m g Ph. © Jed Share and Kaoru / CORBIS • p. 56 m d Ph. © Randy Faris / CORBIS • p. 56 bas d Ph. © Lawrence Manning / CORBIS • p. 57 ht g Ph. © Hulton Deutsch Collection / CORBIS • p. 57 ht d Ph. © D. Stoecklein / CORBIS • p. 62 m g Ph. © Alex Majoli / MAGNUM • p. 62 m d Ph. © Ferdinando Scianna / MAGNUM • p. 62 bas g Ph. © Patrick Zachmann / MAGNUM • p. 64 m g Ph. © LWA-Stephen Welstead / CORBIS • p. 64 m m Ph. © Matilda Hartman / Zefa / CORBIS • p. 64 m m Ph. © Randy Faris / CORBIS • p. 64 m d Ph. © Erik Dreyer / GETTY IMAGES France • p. 65 ht g Ph. © PHOTO12.COM / Oronoz • p. 65 m g Ph. © PHOTO12. COM / Oronoz • p. 72 ht Ph. © DLILLC / CORBIS • p. 72 m Ph. © Arthur Morris / CORBIS • p. 72 bas Ph. © Kevin Schafer / CORBIS • p. 79 Ph. © AFP

Crédits textes

pp.18-19 Hoy me voy – paroles : Bruno Garcia – Arrangement/Simon Andrieux © 1999 by Delabel Editions
p. 23 Mis pompas de Jabón/ Alicia Herreros D.R.

MIXTE
Papier issu de sources responsables
FSC® C022030
FSC www.fsc.org

N° projet : 10207101
Dépôt légal : JUIN 2014
Imprimé en France
par Normandie Roto Impression s.a.s. – N° d'imp. : 1402129